SCHIRMER'S LIBRARY
OF MUSICAL CLASSICS

Vol. 1081

C.L. HANON

El Pianista Virtuoso
En Sesenta Ejercicios

Para Piano

Para Adquirir Agilidad, Independencia,
Fuerza y Uniformidad Perfecta en los
Dedos y en la Suavidad o Soltura
de la Muñeca

Traducido del Francés al Español

ISBN 978-0-7935-3914-7

G. SCHIRMER, Inc.

DISTRIBUTED BY

HAL•LEONARD®
CORPORATION
7777 W. BLUEMOUND RD. P.O. BOX 13819 MILWAUKEE, WI 53213

PREFACIO

El estudio del piano es hoy día tan general, y son tantos los buenos pianistas que hay, que la medianía en este instrumento no puede tolerarse más. En consecuencia, el piano debe estudiarse por ocho ó diez años antes de aventurarse á ejecutar una pieza de dificultad cualquiera, aun siquiera ante aficionados. Ahora, cuan pocas son las personas que pueden dedicar tantos años á este estudio ! Con frecuencia sucede, en consecuencia, que por falta de práctica suficiente la ejecución es irregular é incorrecta. La mano izquierda cede aun en pasajes ó incidentes de dificultad ligera ; los dedos cuarto y quinto son casi inútiles por falta de ejercicios especiales para ellos, pues que siempre son más débiles que los demás ; y cuando ocurren incidentes en octavas, trémolo ó trinos, se ejecutan generalmente á fuerza de mucho trabajo y fatiga, así es que la ejecución resulta muy incorrecta y falta en absoluto de expresión.

Por espacio de varios años hemos trabajado para vencer este estado de cosas, pues nuestra intención ha sido unir en una sola obra ejercicios especiales que hagan posible el hacer un curso completo de estudios para piano en tiempo mucho más breve.

Para lograr este propósito, bastaba encontrar la solución al problema siguiente:

Si los cinco dedos de la mano pudieran adiestrarse absolutamente de igual manera, estarían listos para ejecutar cualquier cosa escrita para el instrumento, y la cuestión única que quedaría sería la relativa á la digitación, que podría vencerse sin dificultad.

En nuestra obre "El Pianista Eximio, en 60 Ejercicios," etc. hemos encontrado la solución á este problema. En este volumen se encontrarán los ejercicios necesarios para adquirir agilidad, independencia, fuerza y uniformidad perfecta de los dedos, así como soltura de las muñecas —cualidades indispensables para la buena ejecución; por otra parte, estos ejercicios se han arreglado á propósito para hacer que la mano izquierda sea igualmente agil á la derecha. Con excepción de algunos ejercicios, que se encuentran en varios métodos, el libro entero es trabajo personal nuestro. Estos ejercicios son interesantes y no cansan al estudiante como la generalidad de los ejercicios para los cinco dedos, que son tan áridos que se

PREFACIO (*Continuación*)

necesita tener la perseverancia de un verdadero artista para acumular ánimo suficiente para estudiarlos.

Estos ejercicios están escritos de tal manera que, después de haberlos leído por algunos minutos, pueden tocarse á compás considerablemente rápido; constituyen, en consecuencia, una práctica excelente para los dedos, y no se pierde tiempo al estudiarlos. Si se desea, cualquiera de estos ejercicios pueden tocarse simultáneamente en varios pianos para estimular el espíritu de emulación entre los estudiantes y para acostumbrarlos á que toquen juntamente.

Se encontrarán dificultades de todas descripciones. Los ejercicios están arreglados de tal manera que en cada número sucesivo los dedos descansan de la fatiga causada por el ejercicio anterior precedente. El resultado de esta combinación es que todas las dificultades mecánicas se ejecutan sin esfuerzo ni cansancio; y, después de tal práctica, los dedos logran una facilidad asombrosa de ejecución.

Este trabajo se dedica á todos los estudiantes de piano. Puede principiarse después que el discípulo haya estudiado un año, aproximadamente. En cuanto á estudiantes más aventajados, lo estudiarán en muy corto tiempo y jamás sentirán la rigidez que previamente hayan sentido en dedos y muñecas; esto los volverá capaces de vencer las principales dificultades mecánicas.

Los pianistas y profesores que no dispongan de tiempo suficiente para practicar con el fin de conservar su ejecución, sólo necesitan tocar estos ejercicios por algunas horas para ganar de nuevo toda la destreza de los dedos.

Este volumen entero puede tocarse en el término de una hora y, si después de esto se ha dominado por completo, habrá de repetirse una vez diariamente y entonces las dificultades desaparecerán como por encanto, se adquirirá la ejecución hermosa, clara y murmurante, que constituye el secreto de los artistas distinguidos.

Por último, ofrecemos esta obra cual si diéramos la llave de todas las dificultades mecánicas. De consiguiente, consideramos que estamos prestando un buen servicio á la juventud pianista, á los profesores de piano y á los directores de escuelas de internos, al proponerles la adopción de nuestra obra "El Pianista Eximio."

El Pianista Virtuoso

Parte I

Ejercicios Preparatorios para la Adquisición de Agilidad, Independencia, Fuerza y Perfecta Uniformidad en los Dedos.

Nº 1

Establézcase tensión entre los dedos 4º y 5º de la mano izquierda al ascender y el 5º y el 4º de la mano derecha al descender.

Para estudiar los 20 ejercicios de esta primera parte empiécese con el metrónomo en el No. 60 y gradualmente auméntese la velocidad hasta el 108. Ese es el significado que tiene la doble numeración para el metrónomo que se observa al principio de cada ejercicio.

Elévense bien los dedos, con precisión, y tocando cada nota de una manera bien distinta.

C. L. HANON.

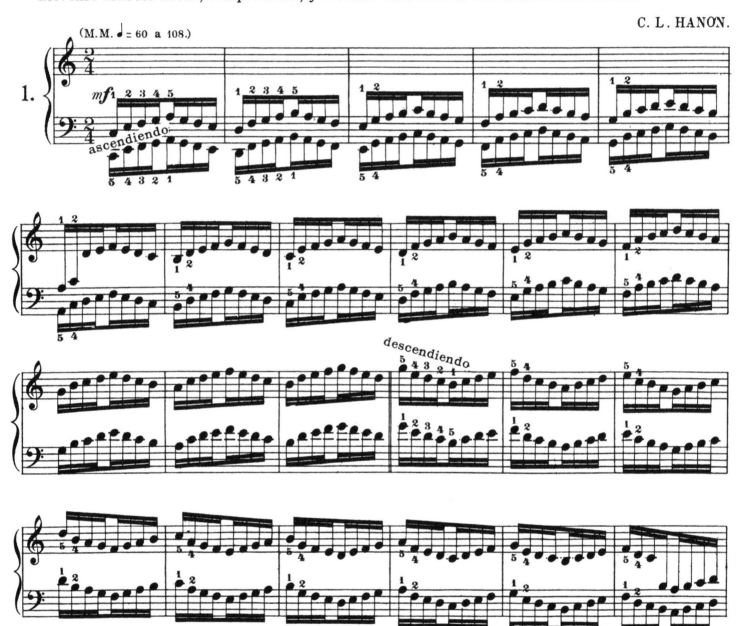

(1) En obsequio a la brevedad indicaremos en lo sucesivo solamente por sus números, aquellos dedos que deben ser especialmente ejercitados en cada ejercicio: ejemplo.– 3-4, en el No. 2; 2-3-4 en el No. 3, etc.

Obsérvese que a través de todo el libro están ejecutando continuamente ambas manos las mismas dificultades. De esa manera la mano izquierda llega a hacerse tan habilidosa como la derecha. Además de eso las dificultades ejecutadas por la mano izquierda al ascender son exactamente copiadas por los mismos dedos de la mano derecha al descender.

Este nuevo estilo de ejercicios obligará a las manos a adquirir perfecta igualdad.

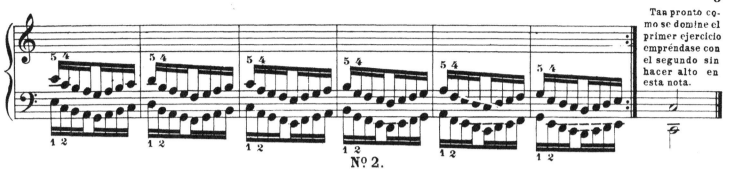

Nº 2.

(Dedos 3º y 4º) — Cuando ya éste ejercicio se domine completamente, vuelva a empezarse el precedente y tóquense cuatro veces los dos juntos, sin hacer la menor interrupción.

Los dedos ganarán considerablemente al practicar de esa manera, no solo estos ejercicios, sino los siguientes.

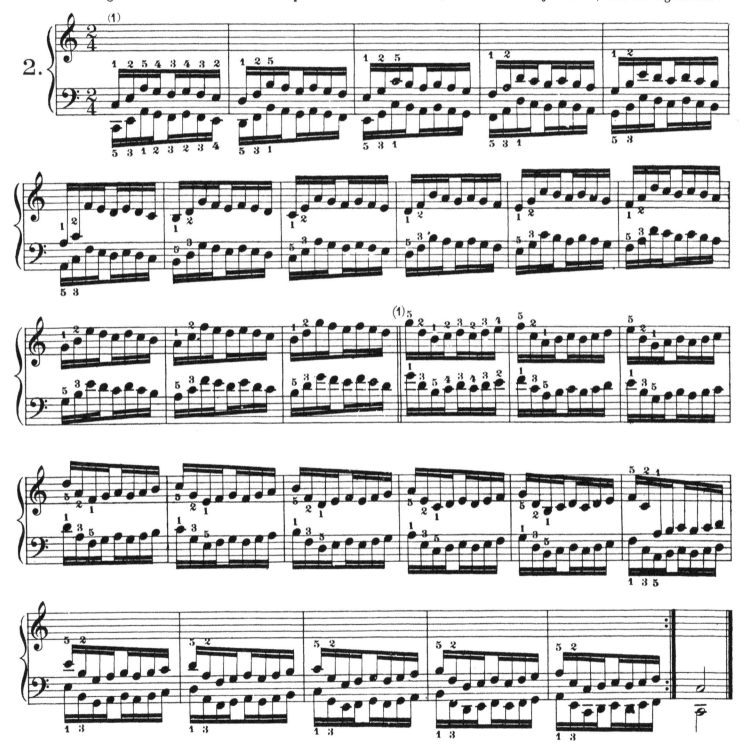

(1) Como los dedos cuarto y quinto son débiles por naturaleza debe observarse que tanto este ejercicio como los que siguen, hasta el No. 31, van encaminados a hacer esos dedos tan fuertes y ágiles, como el 2º y el 3º.

Nº 3.

(Dedos 2º, 3º, y 4º) Antes de empezar a practicar el No. 3, tóquense todos los ejercicios anteriores una o dos veces sin hacer un solo alto.

Cuando ya se domine el No. 3, practíquese el No. 4 y después el No. 5; y tan pronto como ya se sepan completamente, tóquense los tres por lo menos cuatro veces sin interrupción, no haciendo alto hasta llegar a la última nota de la página 6.

Toda esta obra debe ser practicada de esa manera. Por consiguiente cuando se toquen los números de la primera parte, hágase alto, solamente, en la última nota de las páginas 3, 6, 9, 12, 15, 18 y 21.

(Dedos 3º, 4º y 5º) (1) Ejercicio especial para los dedos 3º, 4º y 5º de la mano.

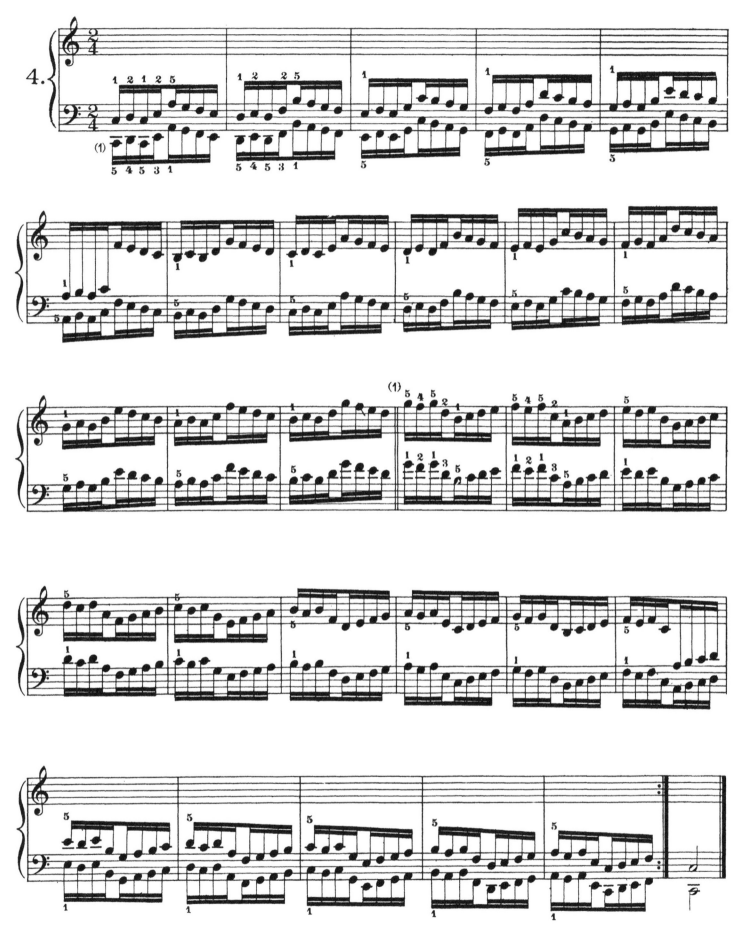

(Dedos 1º, 2º, 3º, 4º y 5º) Repetimos que los dedos deben elevarse todo lo más posible y con **precisión**, hasta que ya se domine este volumen entero.

(1) Preparación para el trino con los dedos 4º y 5º de la mano derecha.

(5º) Para obtener los buenos resultados que prometemos a quienes estudian esta obra, **es indispensa-** ble tocar diariamente, por lo menos una vez, los ejercicios ya aprendidos.

N.º 7.

(Dedos 3º, 4º y 5º) Ejercicio de extraordinaria importancia para los dedos 3º, 4º y 5º.

Nº 8.

(Dedos 1º, 2º, 3º, 4º y 5º) Ejercicio muy importante para los cinco dedos.

Nº 9.

Extensión de los dedos 4º y 5º y ejercicio general de digitación.

(Dedos 3º y 4º) Preparación para el trino de los dedos 3º y 4º de la mano izquierda al ascender (1) y para los dedos 3º y 4º de la derecha al descender (2)

(Dedos 3º, 4º y 5º)   Otra preparación para el trino con los dedos 4º y 5º.

Nº 12.

Extensión para los dedos 1º y 5º y ejercicio para el 3º 4º y 5º.

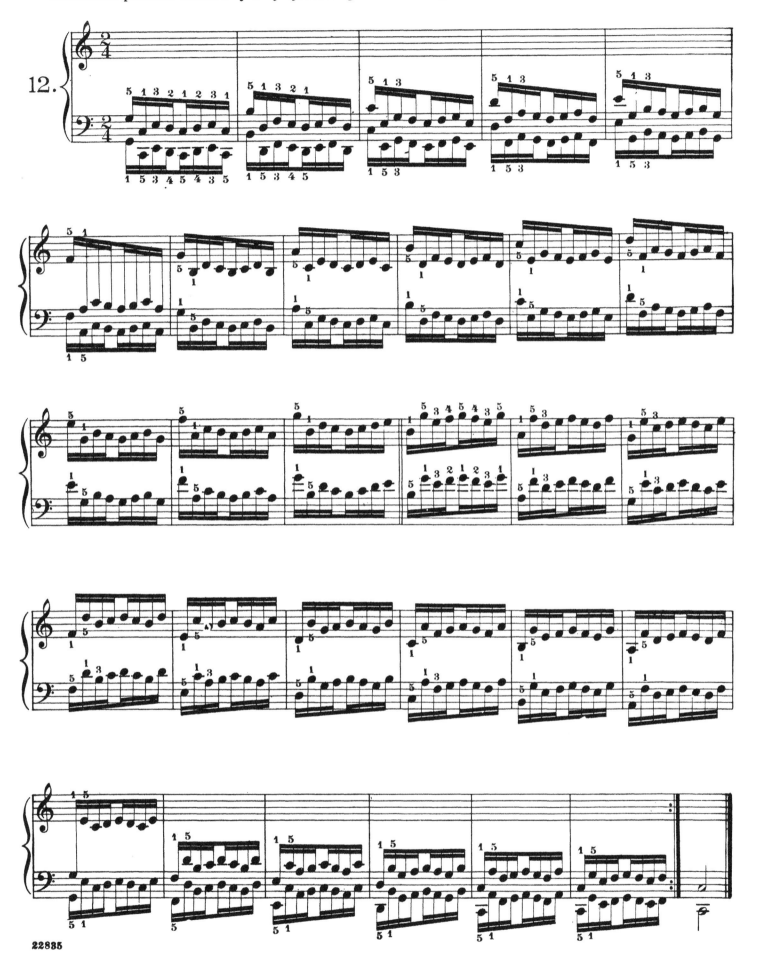

(Dedos 3º, 4º y 5º)

13.

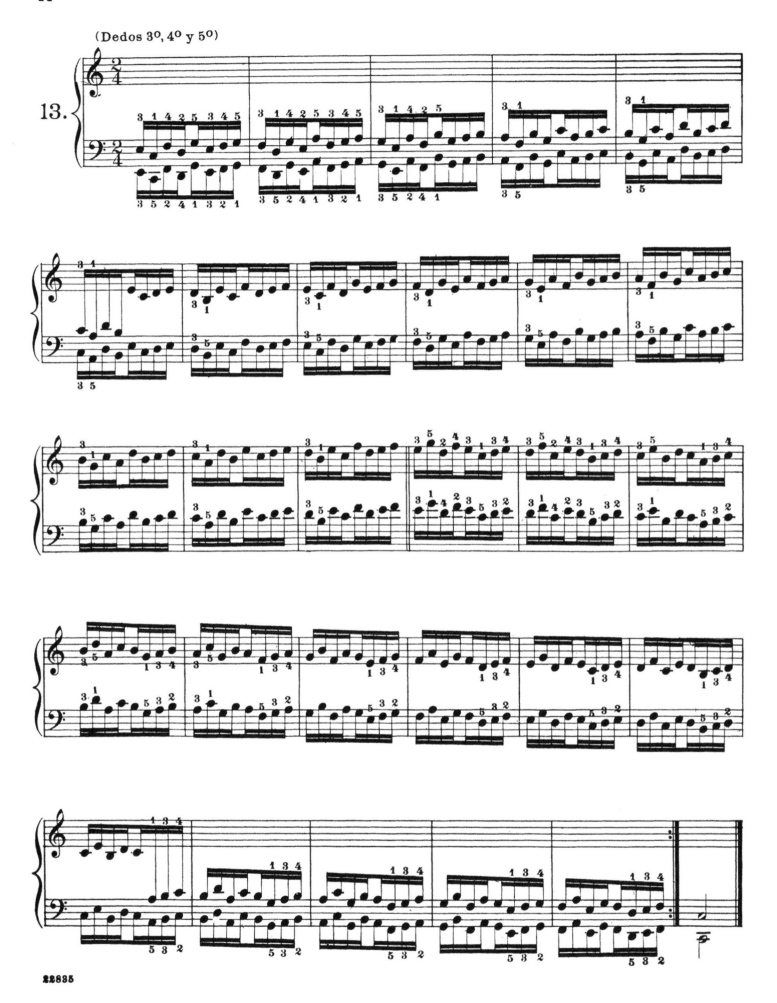

(**Dedos** 3º y 4º) Otra preparación **para** el trino para los dedos 3º y 4º.

14.

Extensión para los dedos 1º y 2º y ejercicio para los 5 dedos.

15.

Extensión para el 3º y 5º dedos, y ejercicio para el 3º 4º y 5º.

Extensión para los dedos 1º y 2º, 2º y 4º, 4º y 5º, y **ejerc**icio **para** el 3º, 4º y 5º.

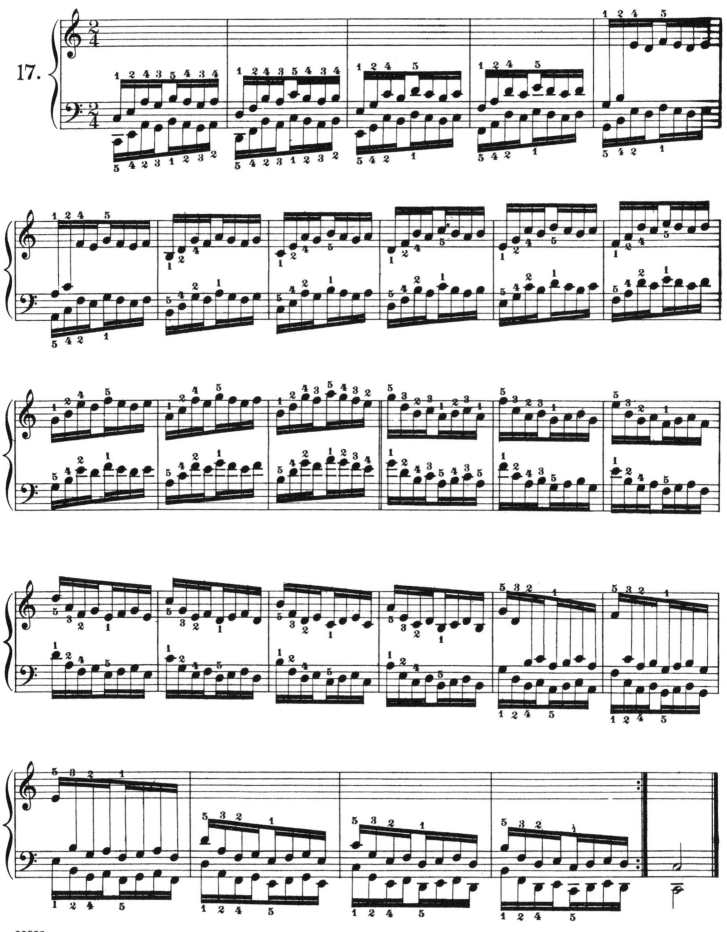

(Dedos 1º, 2º, 3º, 4º y 5º)

18.

Extensión de los dedos 2º y 4º, 4º y 5º, y ejercicio para el 2º, 3º y 4º.

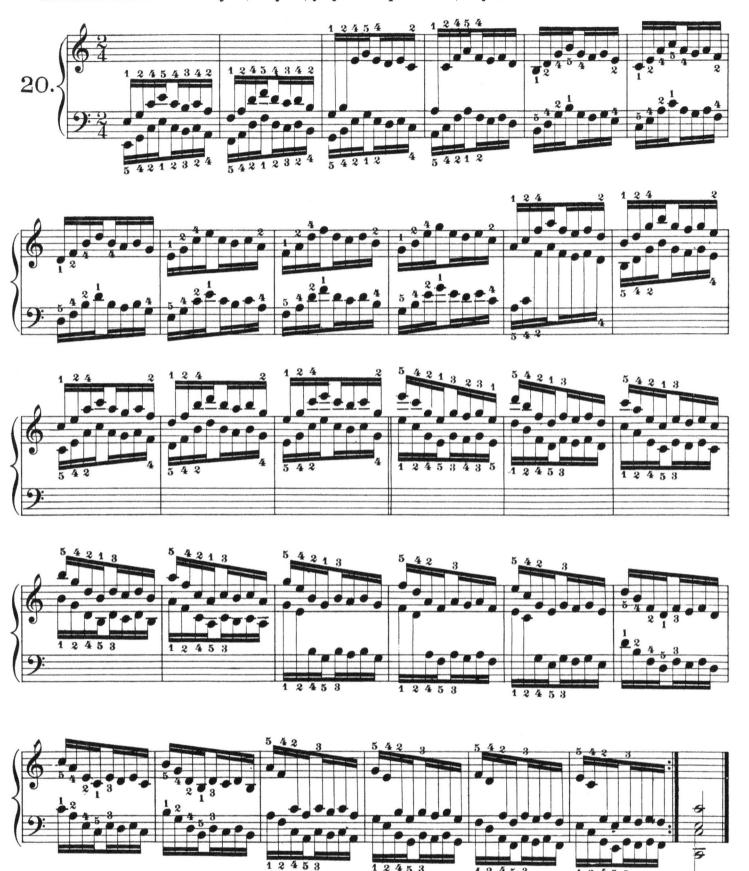

Fin de la Primera Parte

Después de haber dominado esta primera parte tóquese, toda entera, una o dos veces al día, durante algún tiempo antes de empezar el estudio de la segunda parte, que es la "trascendental".

Haciéndolo así puede uno tener la seguridad de alcanzar todas las ventajas posibles que promete este trabajo.

El completo dominio de la primera parte da la clave para vencer las dificultades que se encontrarán en la segunda parte.

Parte II
Ejercicios Trascendentales Encaminados a la Preparación de los Dedos para los Ejercicios de Virtuosismo

Obsérvese que la labor realizada por los dedos 3º, 4º y 5º de la mano izquierda en la primera pulsación de cada compás (A) se repite, a la inversa, por los mismos dedos de la mano derecha en la tercera pulsación del mismo compás (B).

C. L. HANON

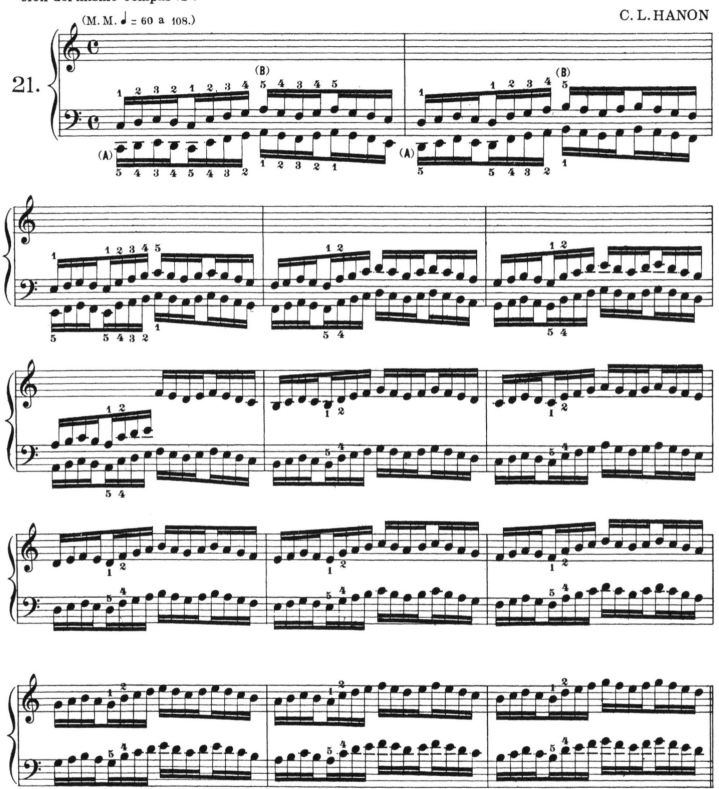

Practíquense estos ejercicios de la Parte II al igual de los de la Parte I, con metrónomo a 60. De igual manera practíquense todos los ejercicios siguientes donde no aparece indicado el tiempo, y gradualmente, auméntese la velocidad hasta 108. Siempre que se requiera un tiempo diferente se indicará al principio del ejercicio que corresponda.

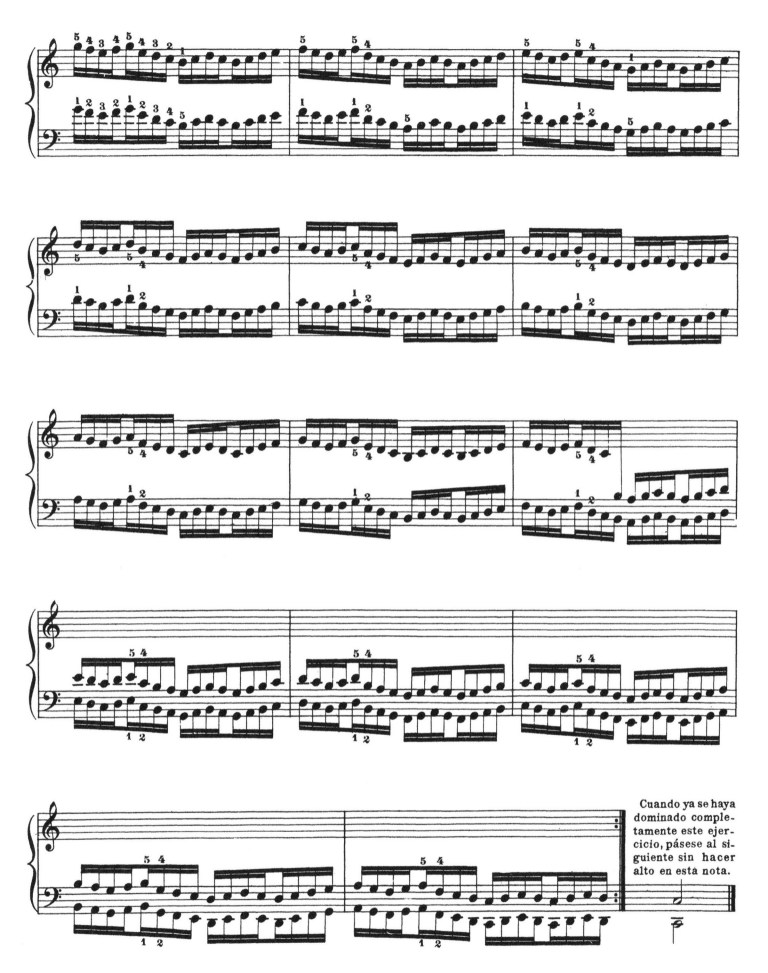

Cuando ya se haya
dominado comple-
tamente este ejer-
cicio, pásese al si-
guiente sin hacer
alto en esta nota.

Para los mismos fines que el No. 21, (Dedos 3º 4º y 5º)

Practíquense los ejercicios de esta segunda parte tal y como lo hemos indicado para la primera (a la cabeza de la página 4); de manera que al tocar todos los ejercicios solamente debe detenerse el ejecutante en las últimas notas de la páginas 24, 29, 33, 37, 41, 44, 46 y 49.

22835

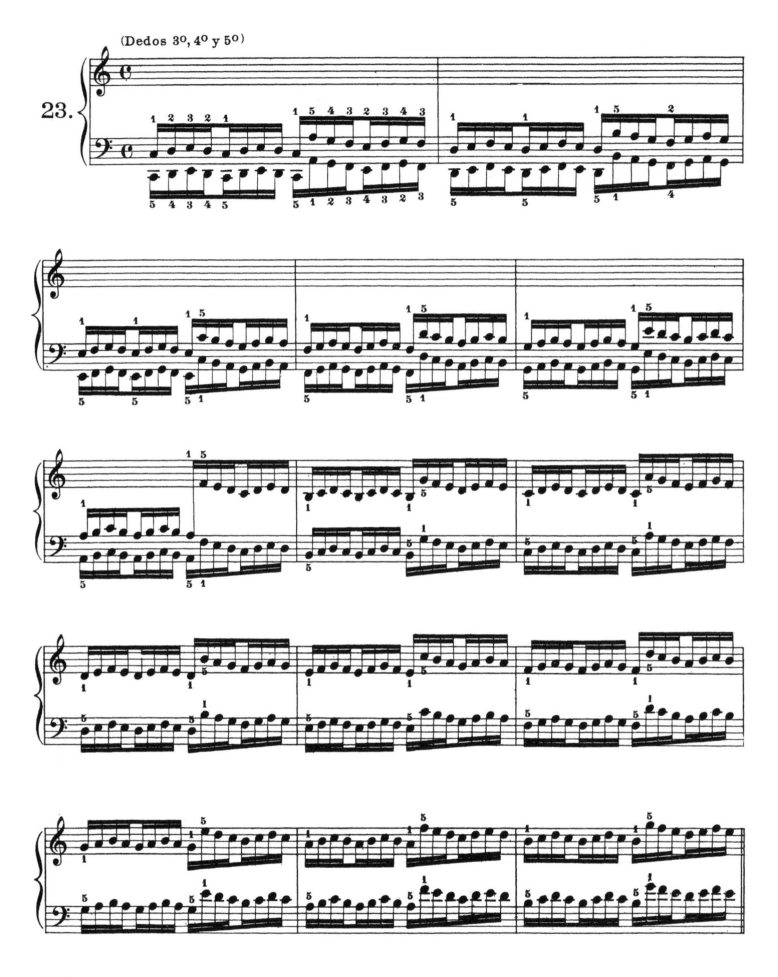

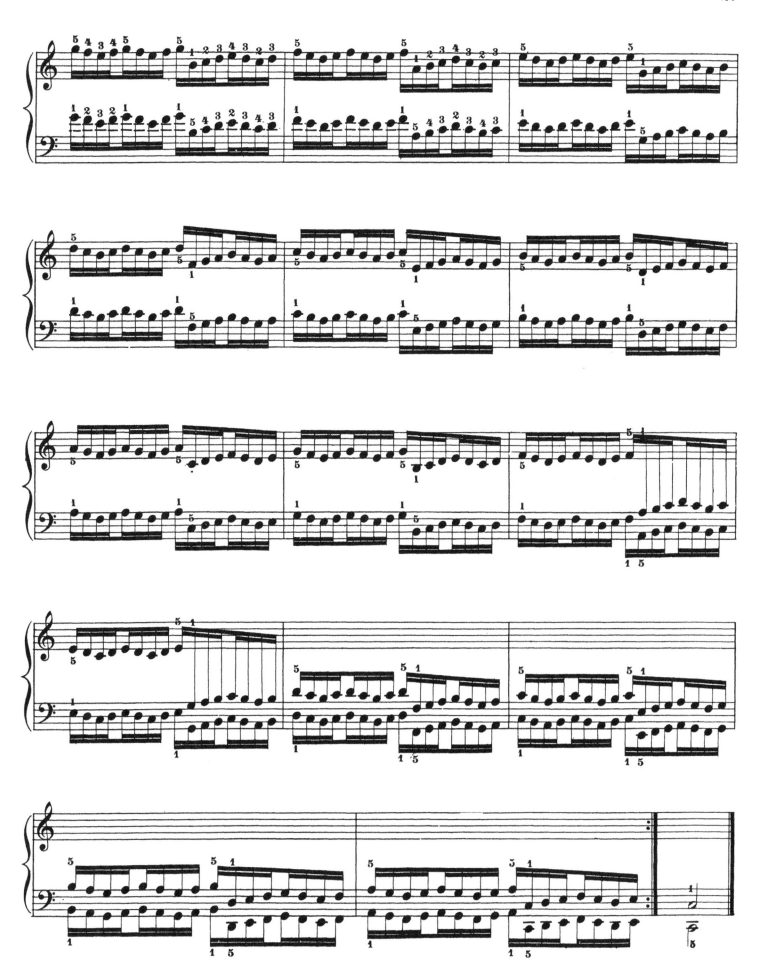

30

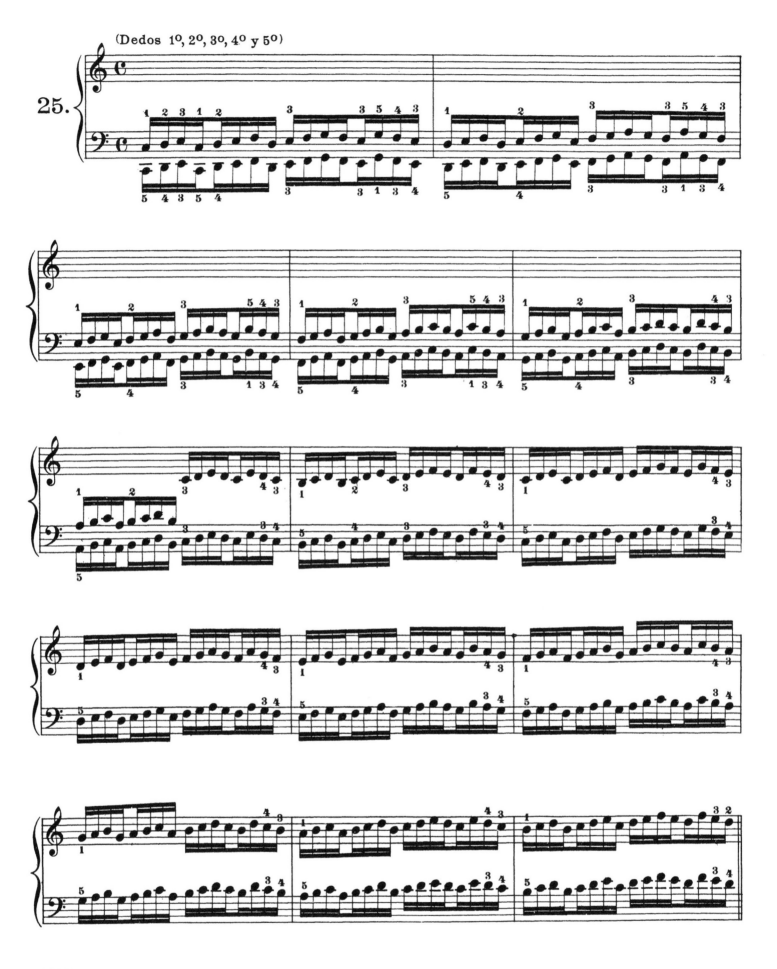

(Dedos 1º, 2º, 3º, 4º y 5º)

26.

(Dedos 1º, 2º, 3º, 4º y 5º) Este ejercicio prepara los dedos 4º y 5º para el trino que se ofrece **más adelante**.

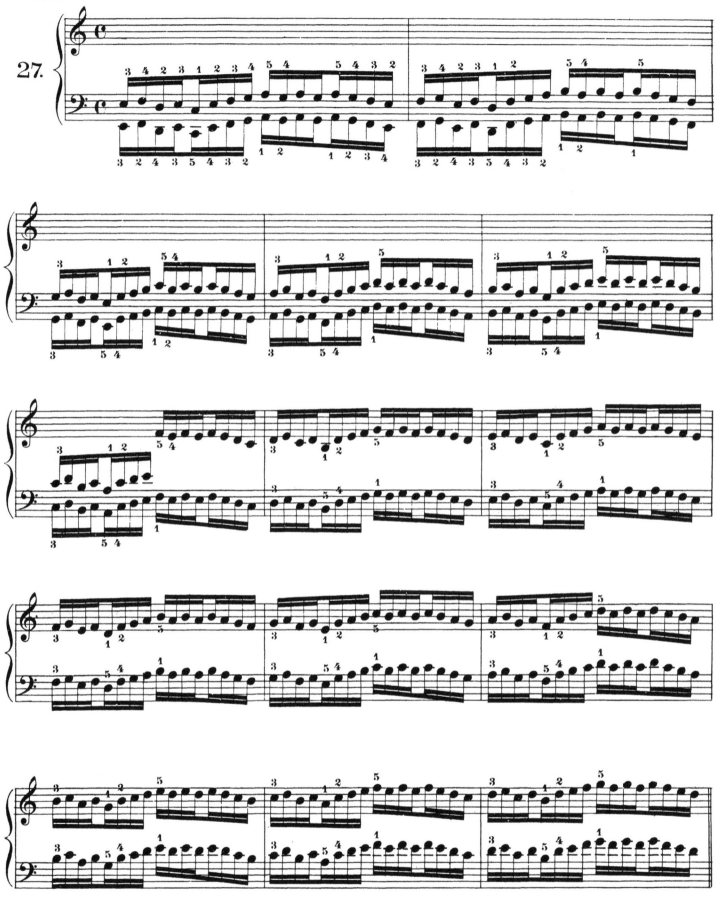

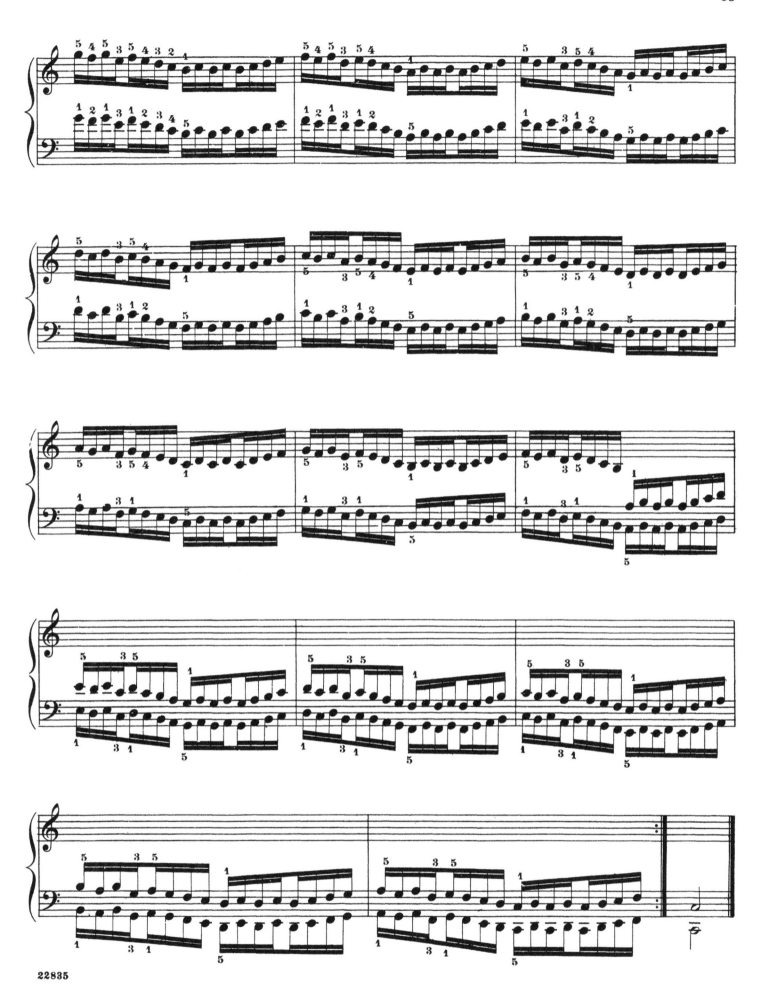

Preparación, para el trino, de los cinco dedos (1º, 2º, 3º, 4º y 5º)

29.

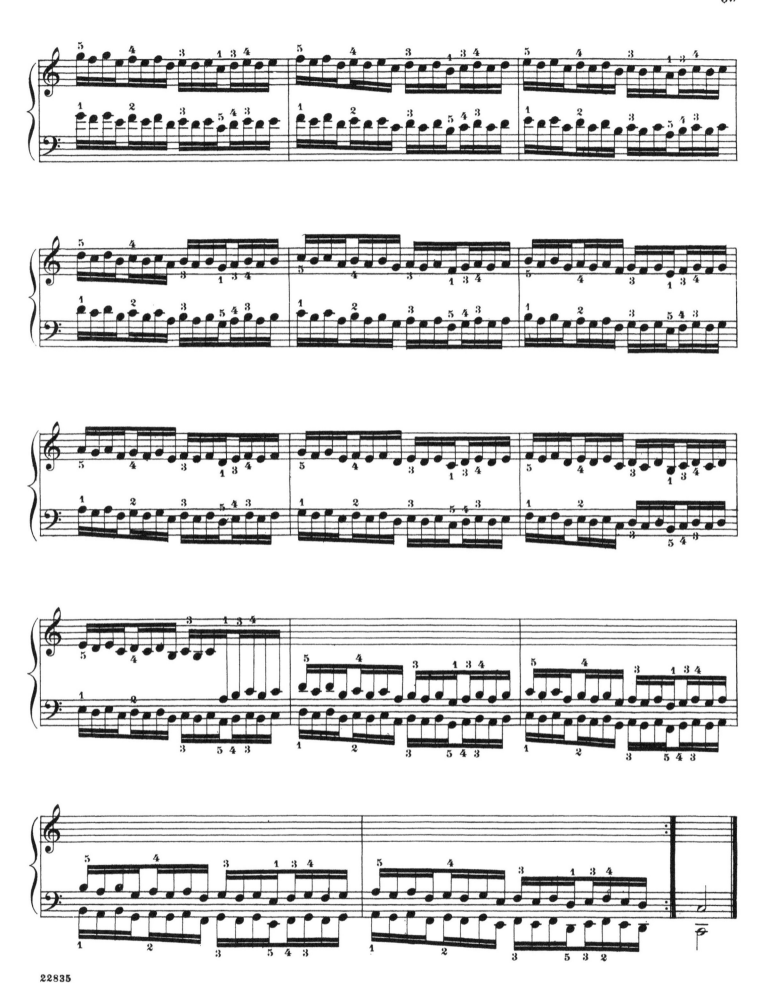

Trino alternando entre los dedos 1º y 2º, y 4º y 5º.

30.

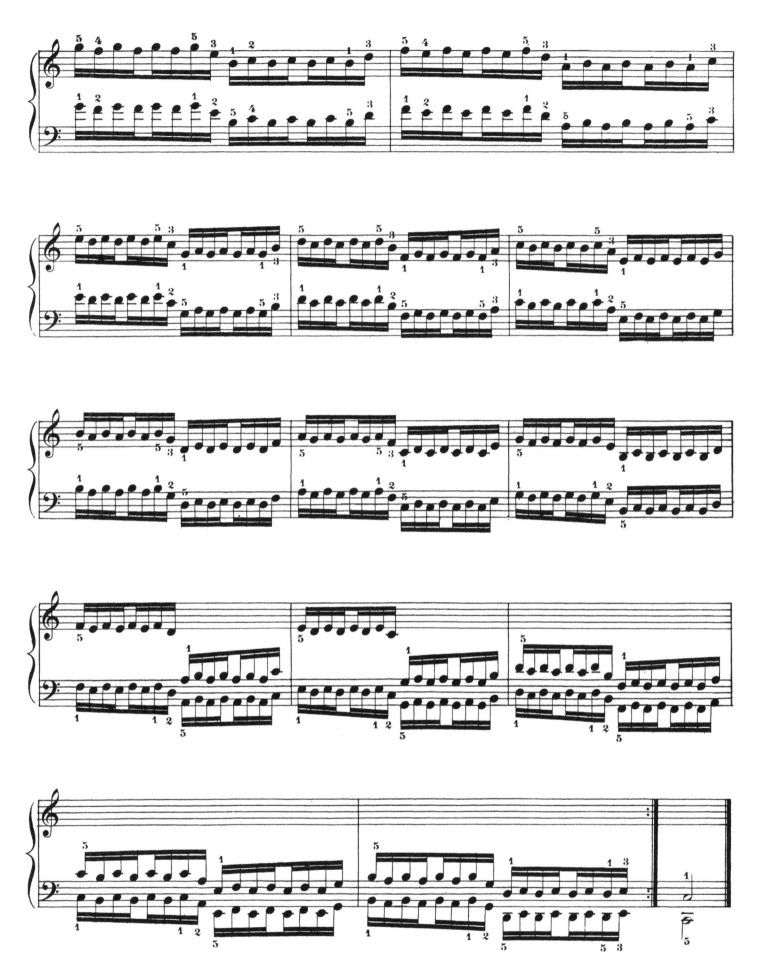

(Dedos 1º, 2º, 3º, 4º y 5º y extensiones)

31.

Pase del Pulgar por Debajo

Pase del pulgar por debajo del 2º dedo.

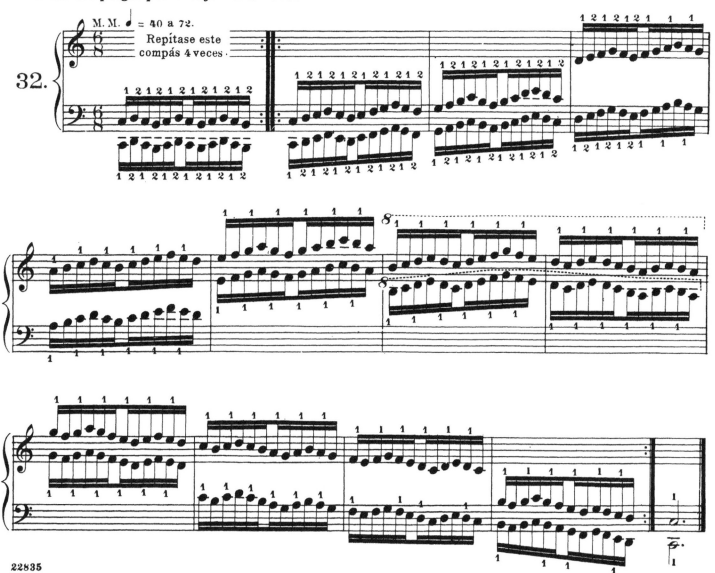

44

Pase del pulgar por debajo del 3º dedo.

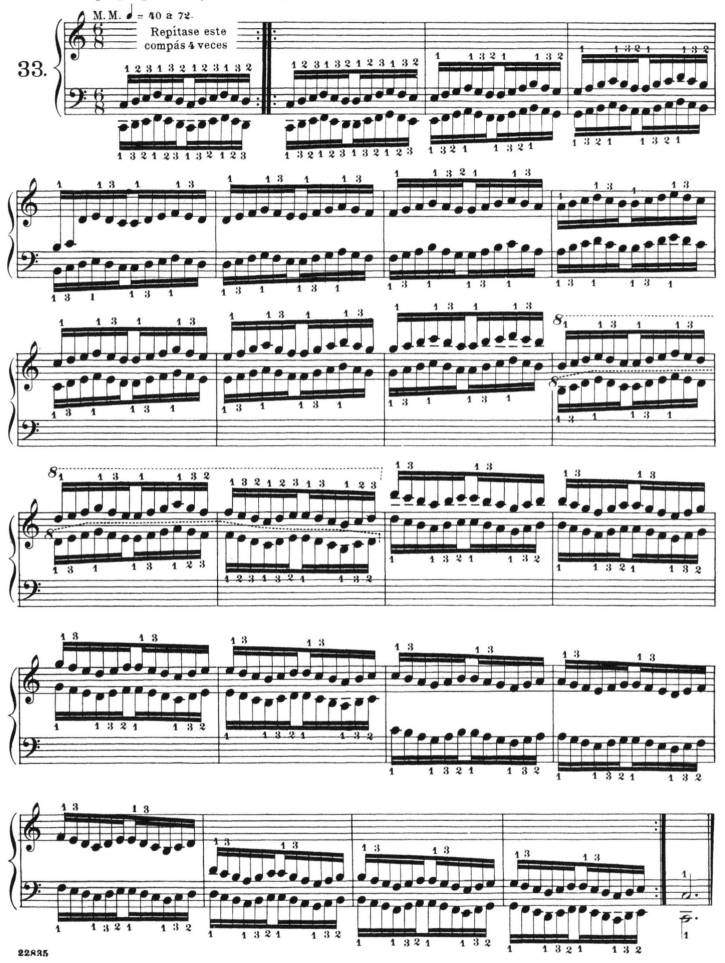

Pase del pulgar por debajo del 4º dedo.

34.

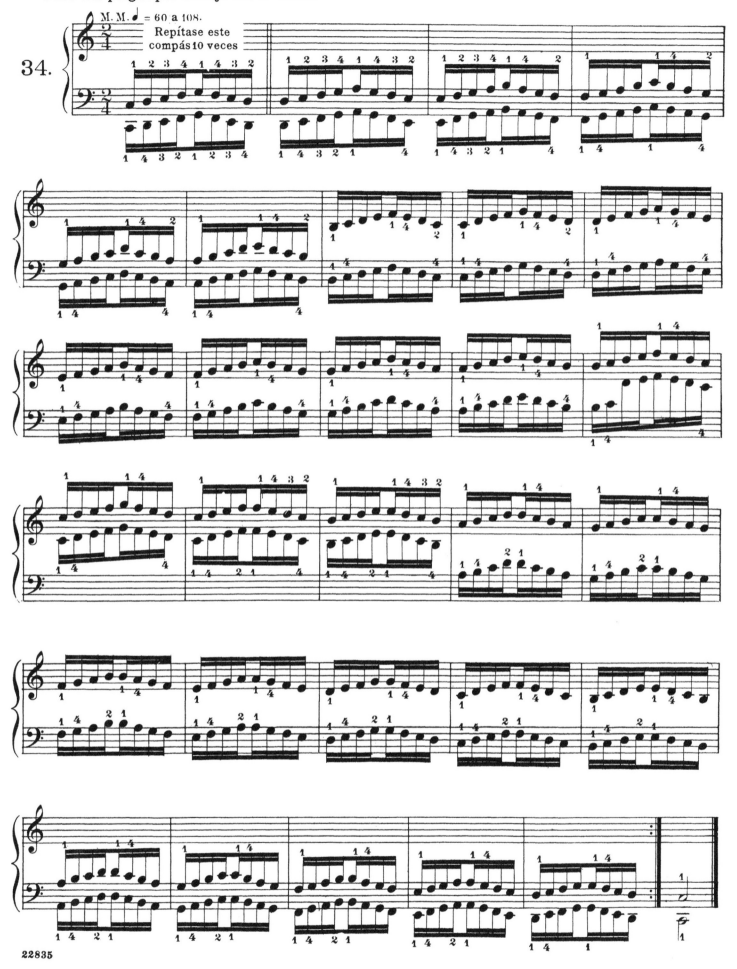

Pase del pulgar por debajo del 5º dedo. Este ejercicio es de escepcional importancia.

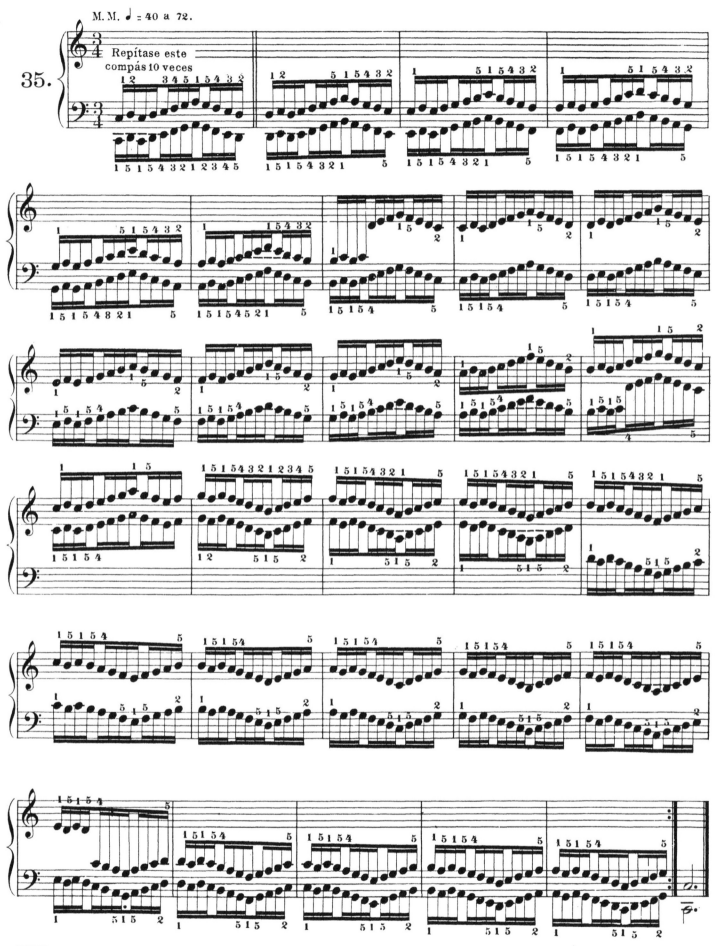

Otro ejemplo de pase del pulgar por debajo.

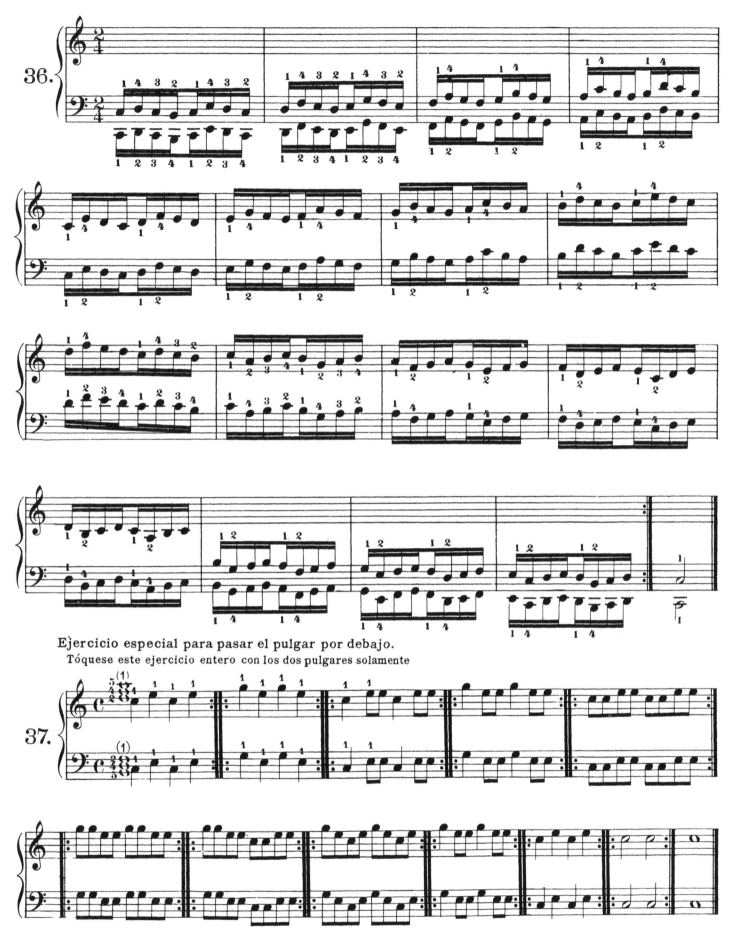

Ejercicio especial para pasar el pulgar por debajo.

Tóquese este ejercicio entero con los dos pulgares solamente

(1) Manténganse hundidas estas tres notas, con cada mano, sin hacer percusión sobre ellas, en tanto se ejecutan estos doce compases.

22895

Ejercicio preparatorio para el estudio de las escalas.

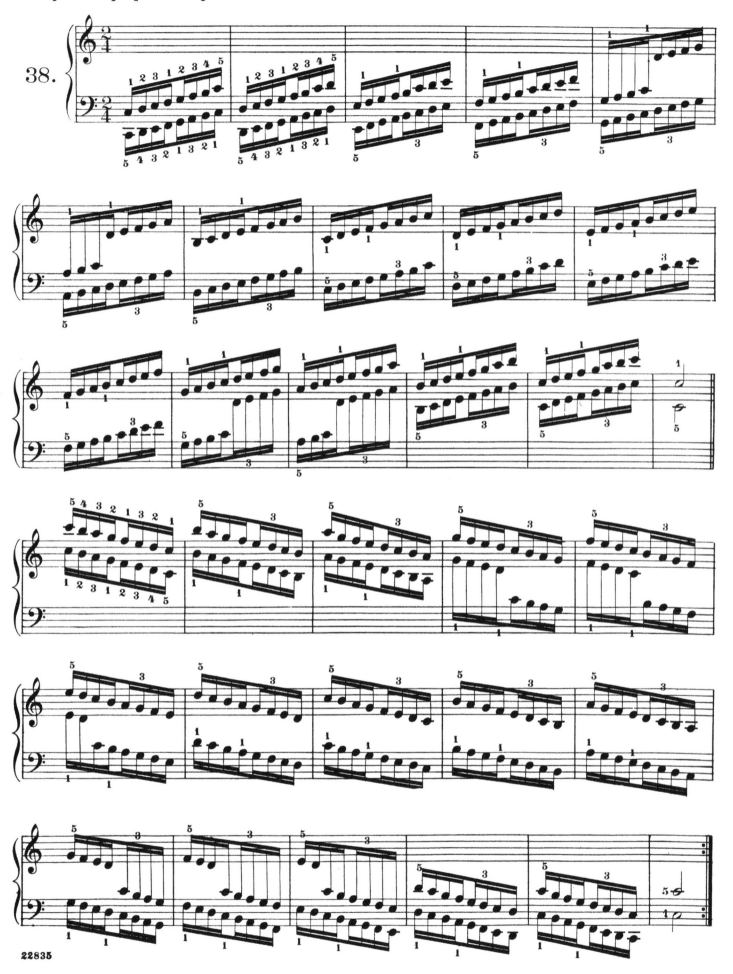

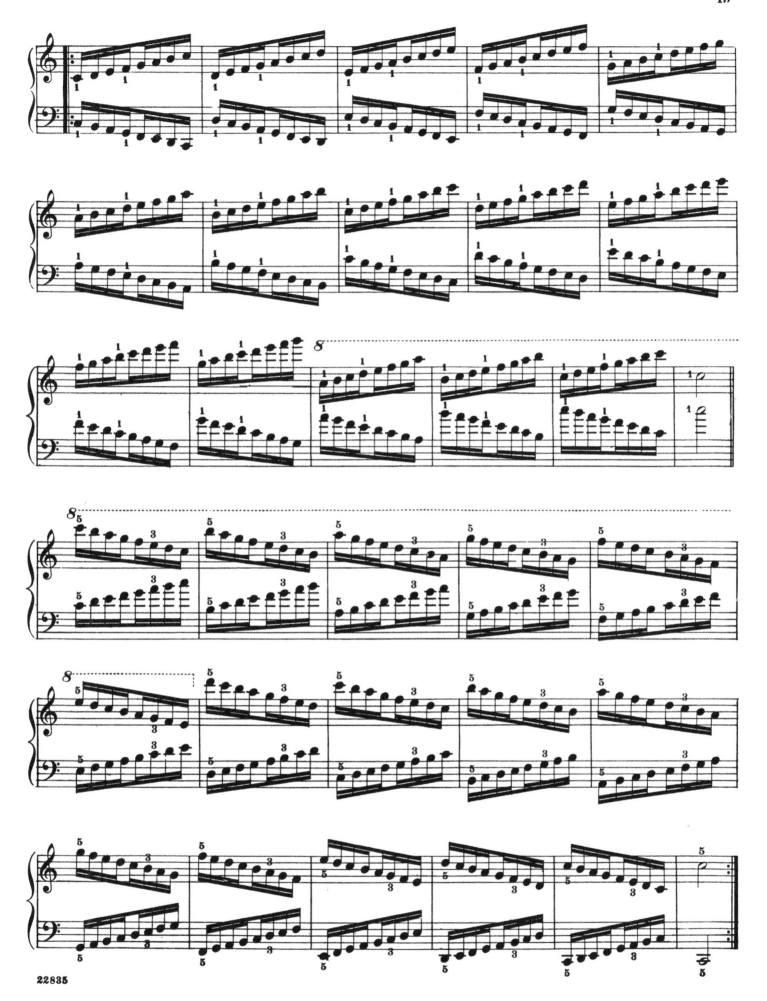

Las 12 Escalas Mayores, y las 12 Menores
Cada escala mayor va seguida por su relativa menor

Hay dos maneras de tocar la escala menor, y hemos pensado que sería más conveniente consignarlas aquí, a continuación de cada escala mayor, dejando al albedrío del instructor el enseñarlas como le parezca más adecuado.

Señalamos con el número 1 la primera manera (o sea la moderna) de tocar la escala menor, llamada, también "escala menor armónica"; y con el número 2 la segunda manera (o sea la antigua), de tocar la referida escala que también lleva el nombre de "escala melódica menor".

Sabemos que la "escala armónica menor" o moderna tiene una sexta menor y la nota sensible, tanto ascendiendo como descendiendo; en tanto que la "escala melódica menor", o antigua, tiene una sexta mayor y la nota principal al ascender, y tambien, una séptima menor y una sexta menor al descender.

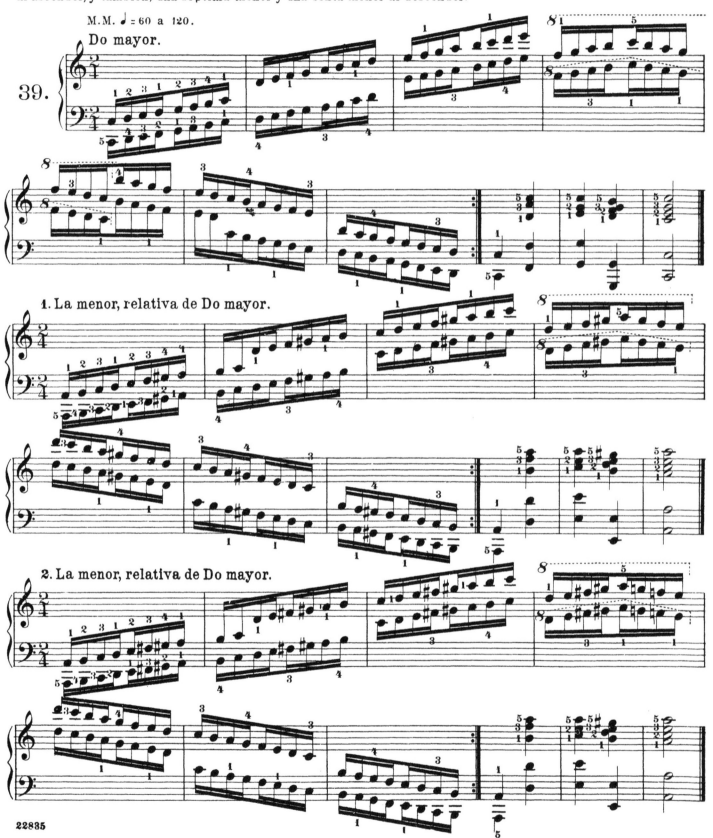

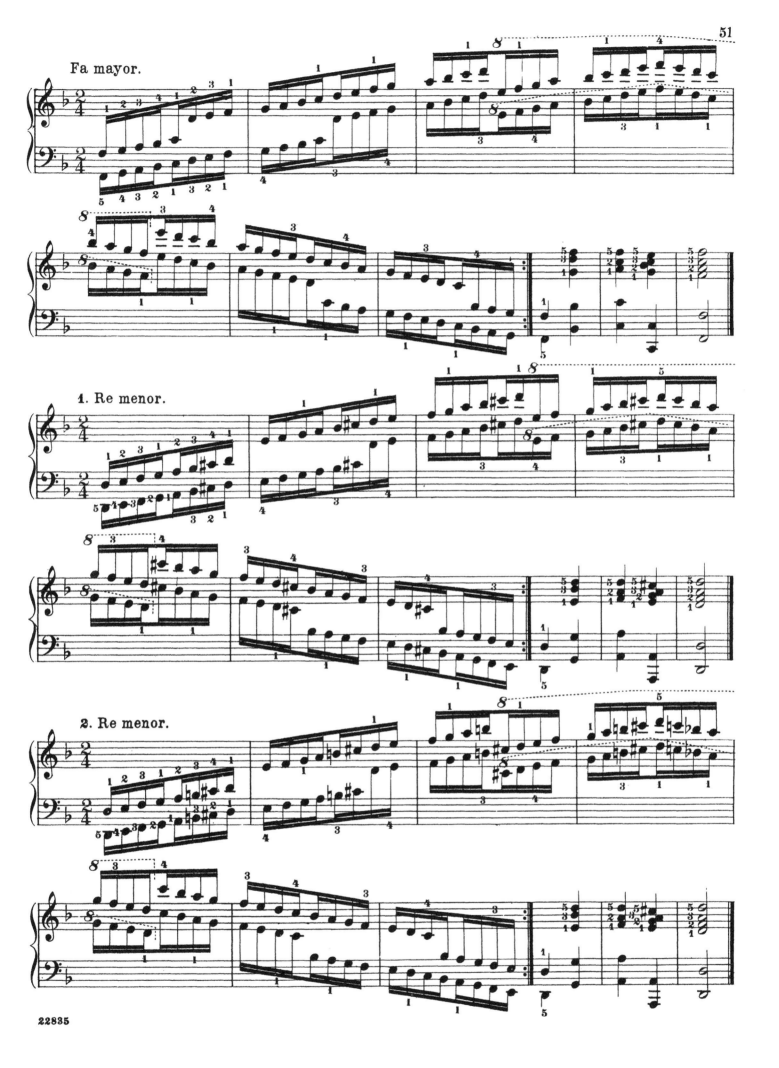

Si bemol mayor.

1. Sol menor.

2. Sol menor.

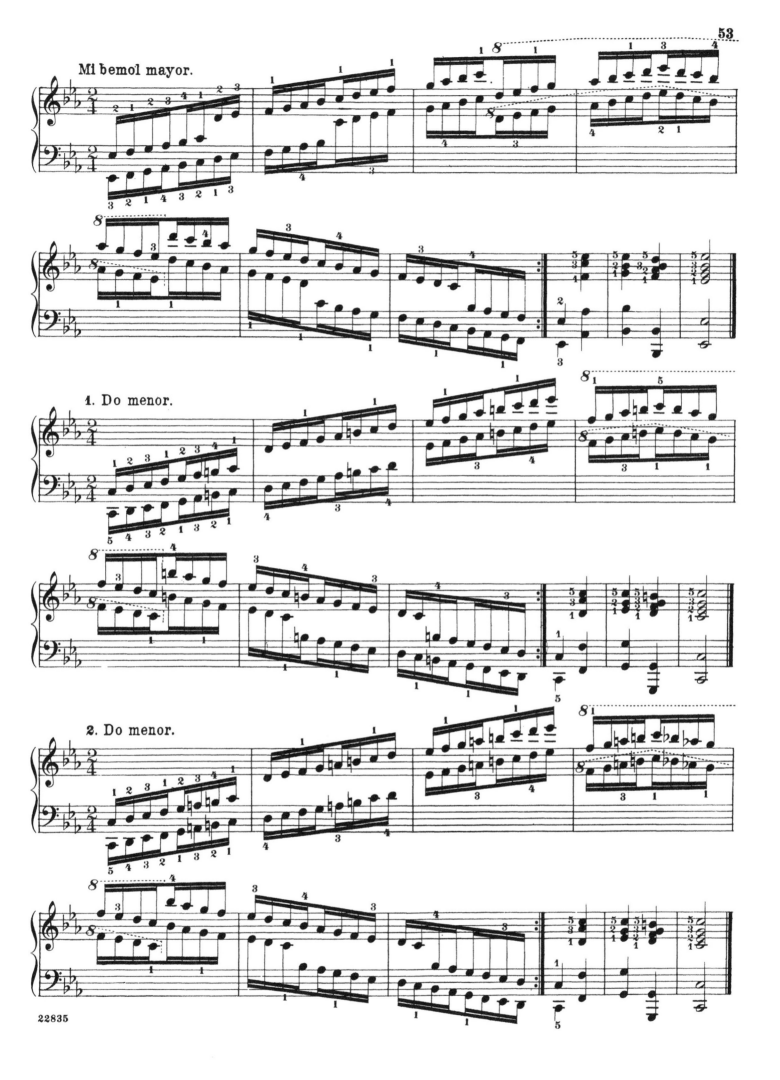

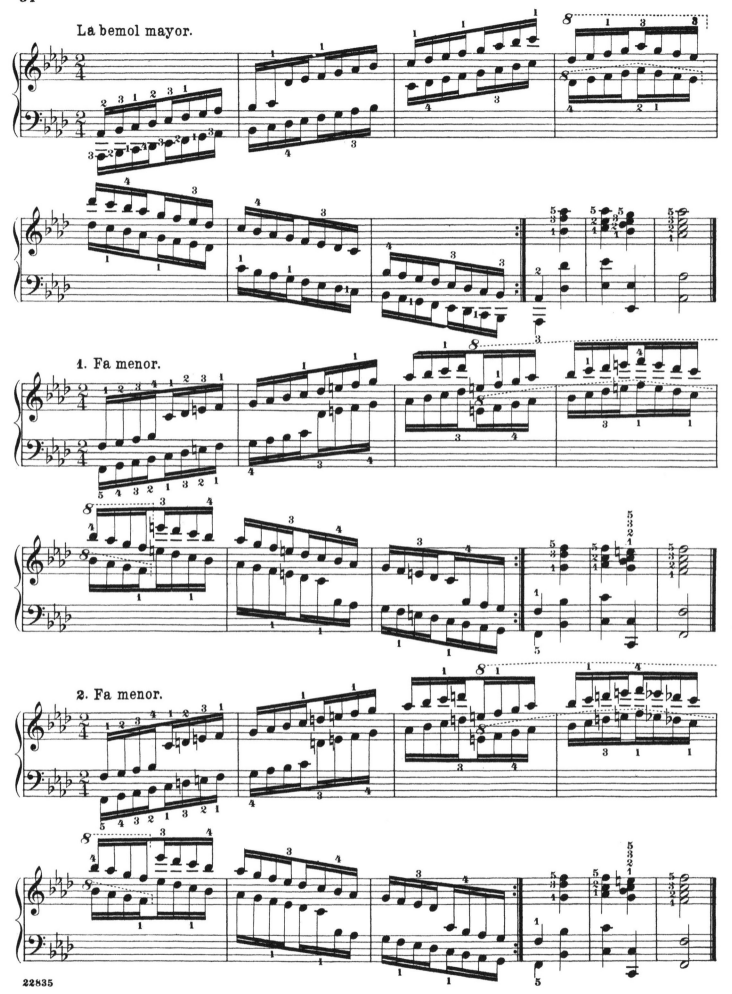

La bemol mayor.

1. Fa menor.

2. Fa menor.

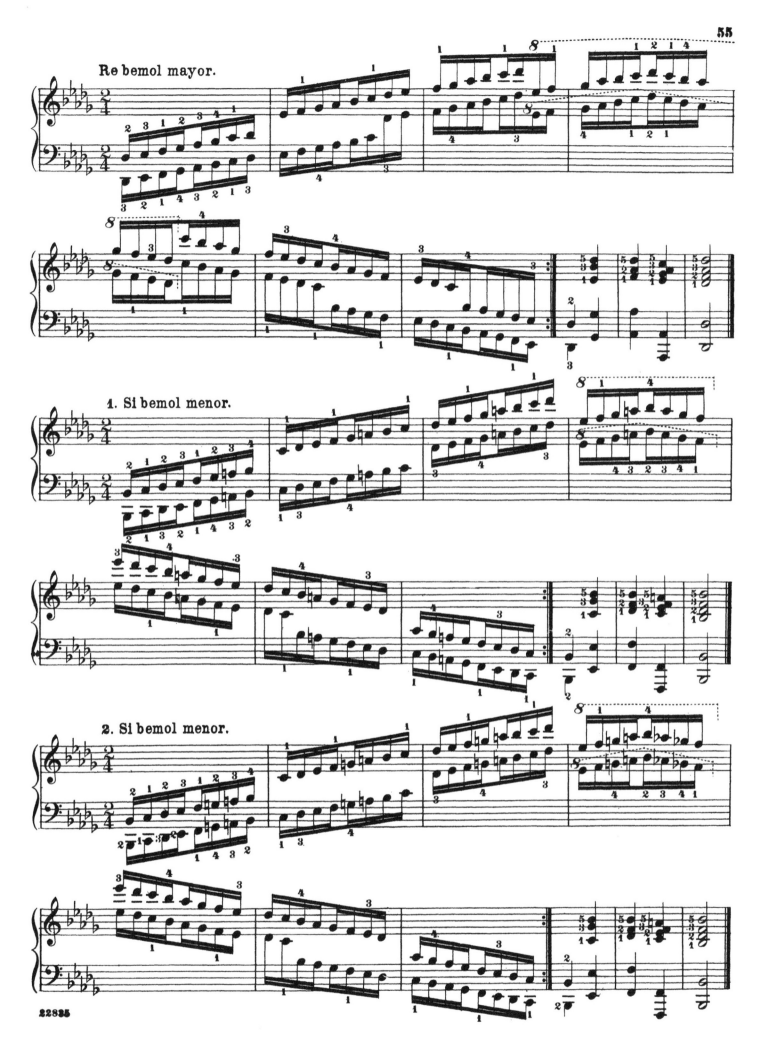

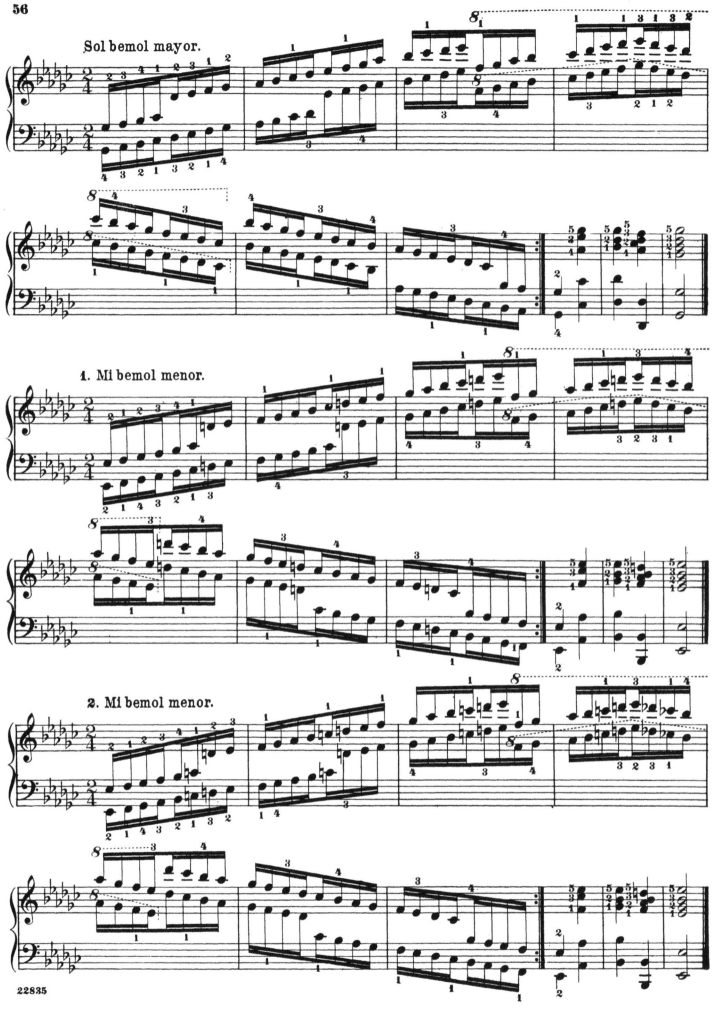

Sol bemol mayor.

1. Mi bemol menor.

2. Mi bemol menor.

Si mayor.

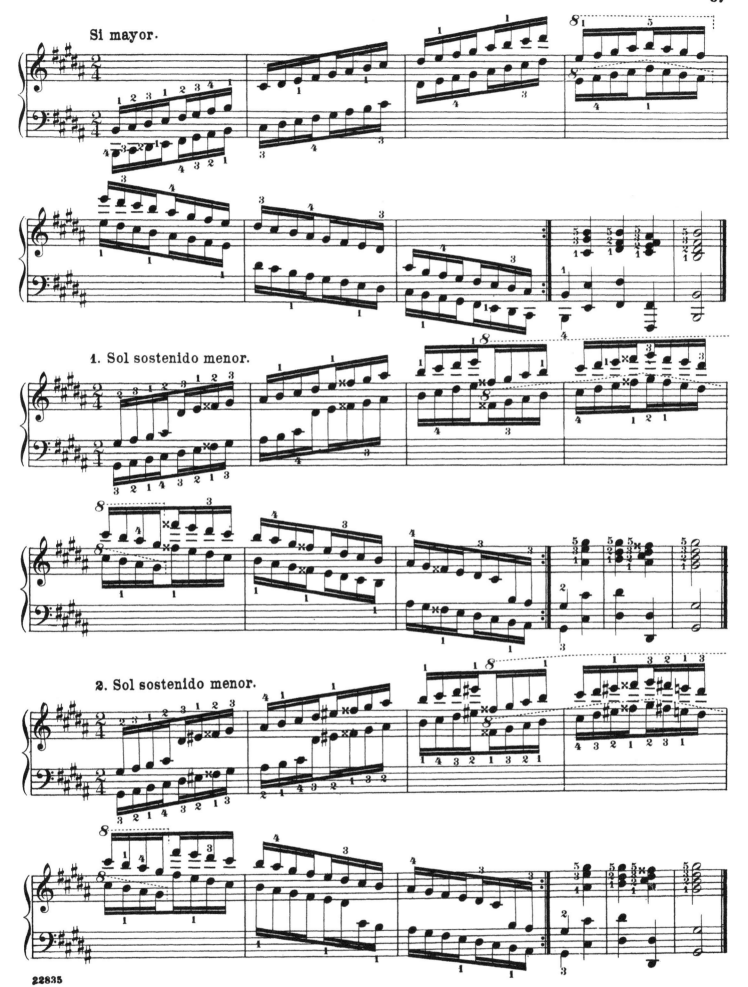

1. Sol sostenido menor.

2. Sol sostenido menor.

Mi mayor.

1. Do sostenido menor.

2. Do sostenido menor.

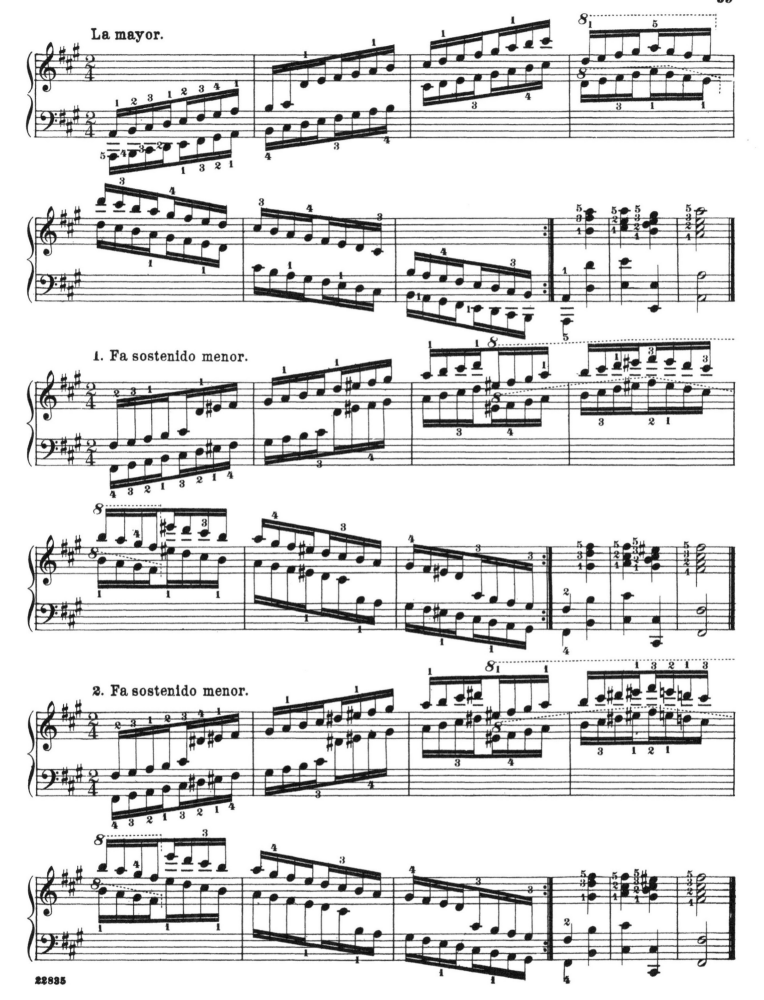

La mayor.

1. Fa sostenido menor.

2. Fa sostenido menor.

Re mayor.

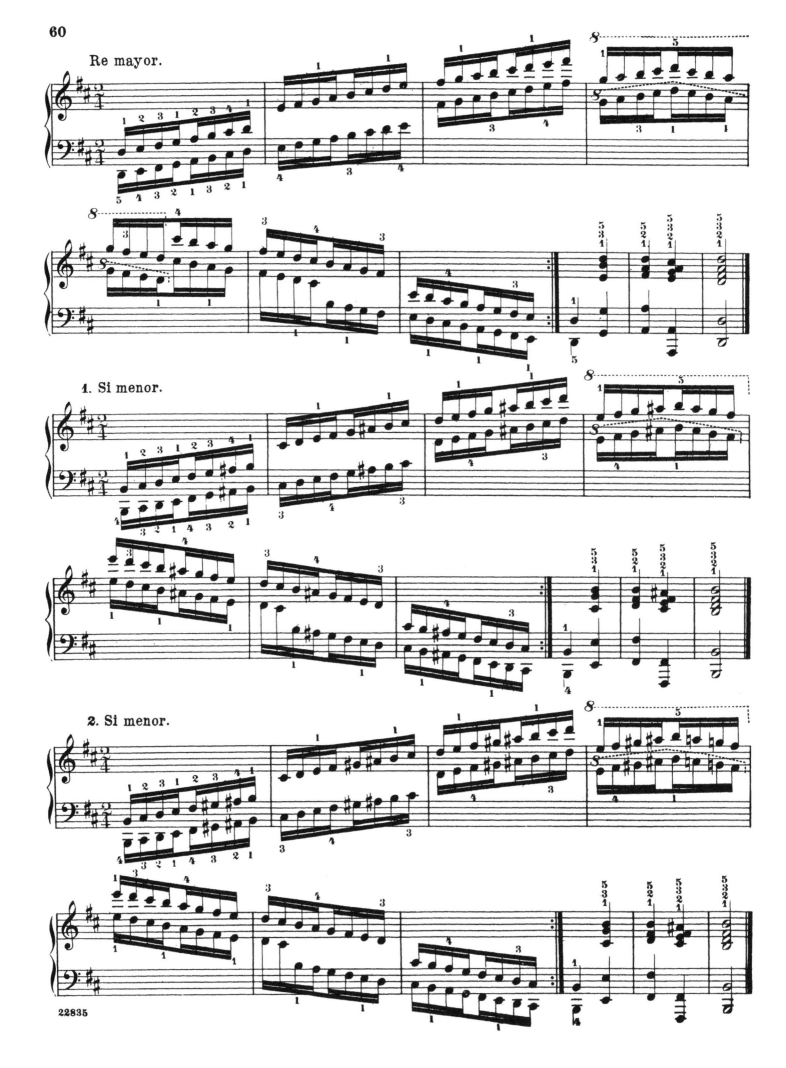

1. Si menor.

2. Si menor.

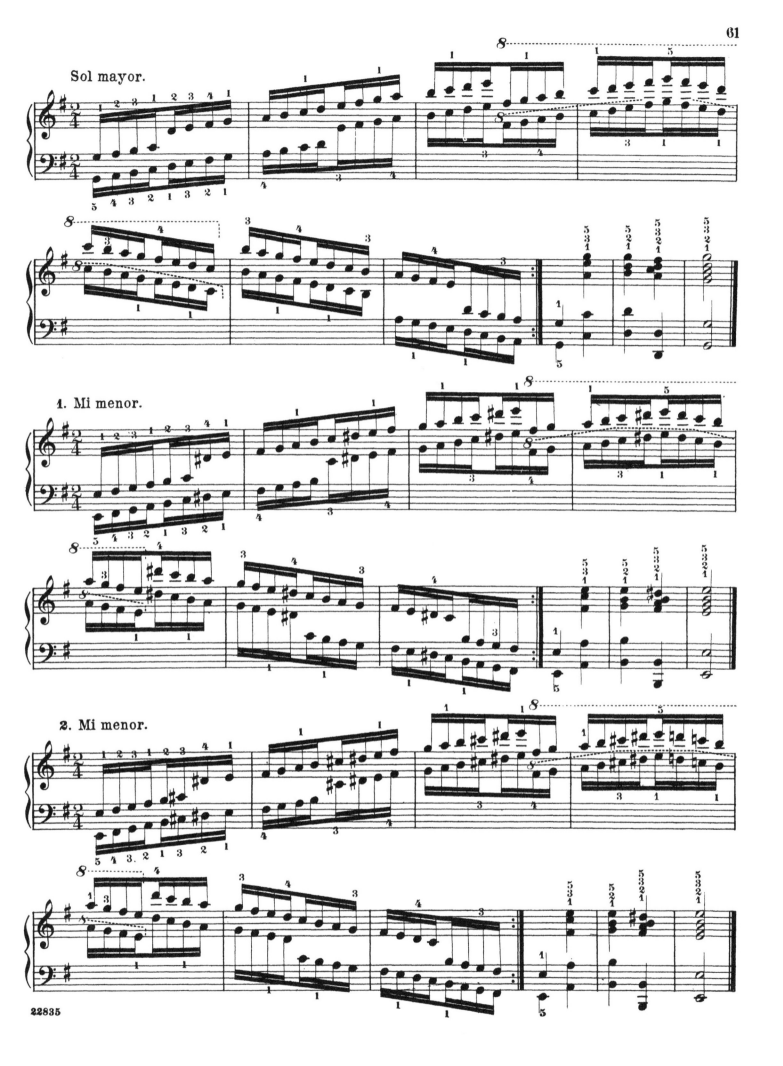

Sol mayor.

1. Mi menor.

2. Mi menor.

Escalas Cromáticas

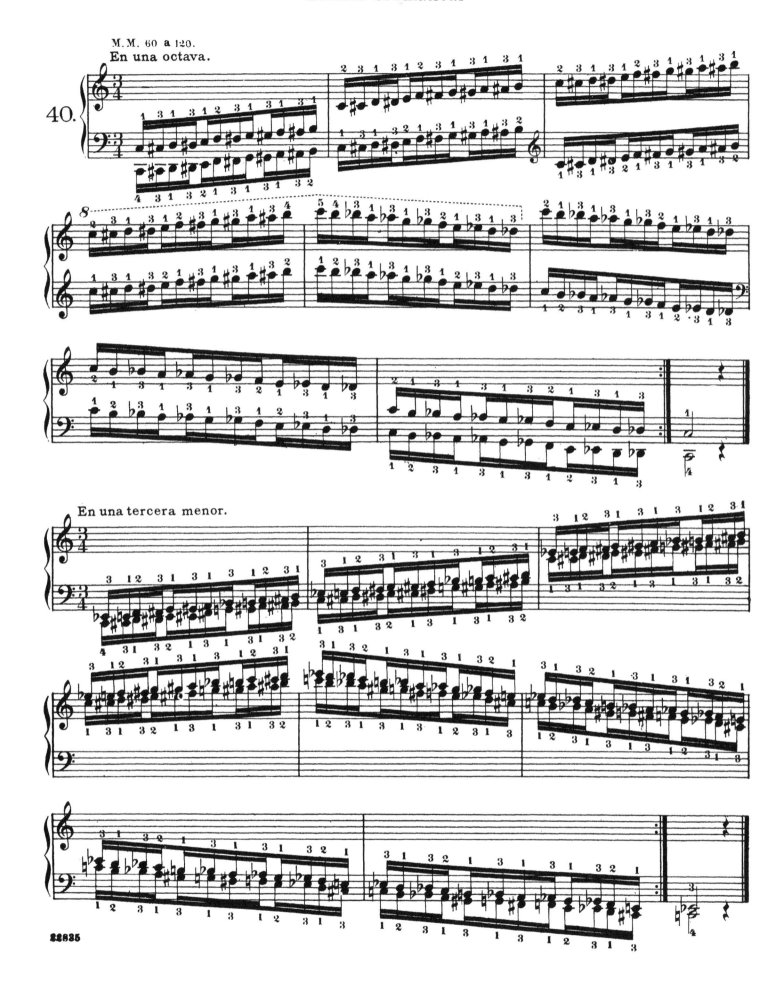

En una sexta mayor.

En una sexta menor.

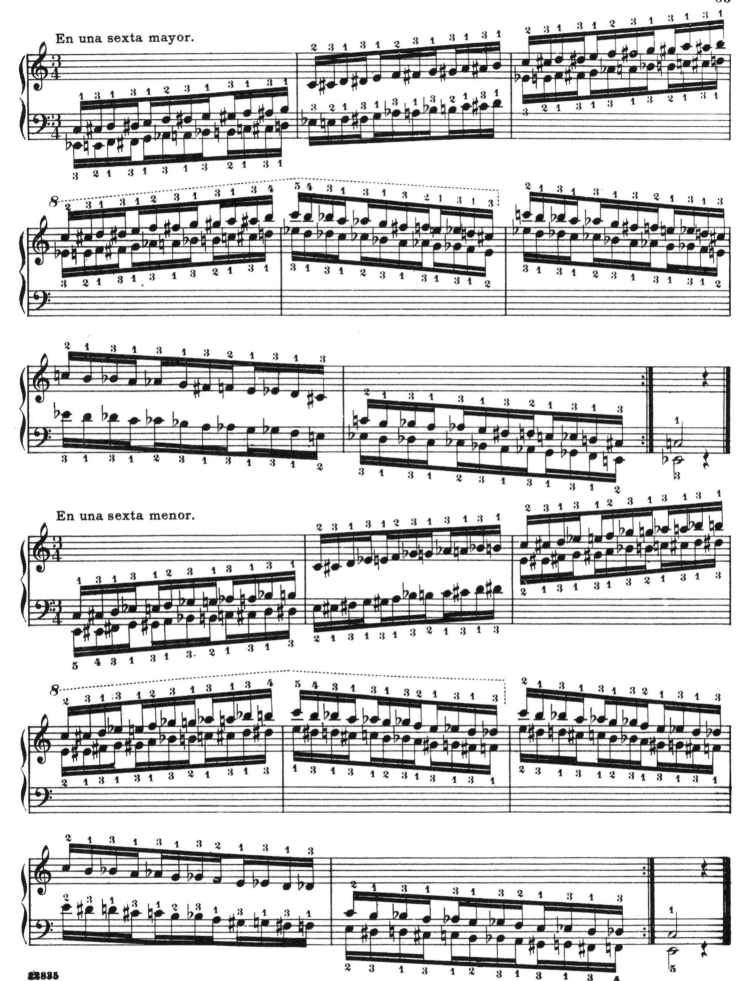

64 **En movimiento contrario, empezando en la octava.**

En movimiento contrario, empezando en la tercera menor.

En movimiento contrario, empezando en la tercera mayor.

Otra digitación, que recomendamos especialmente para los pasages ligados

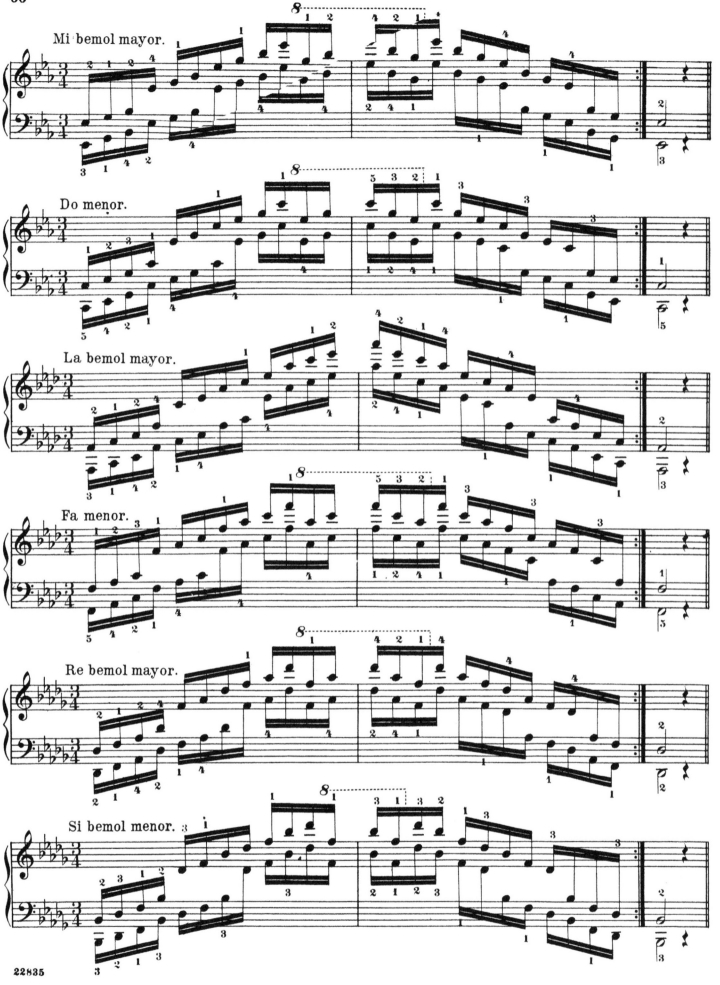

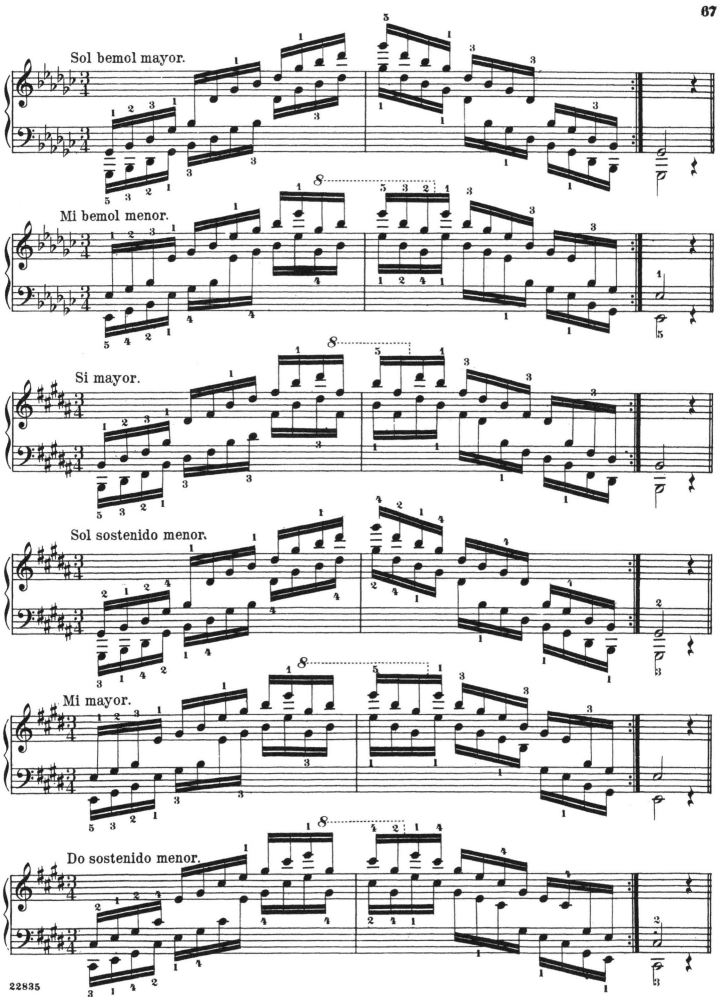

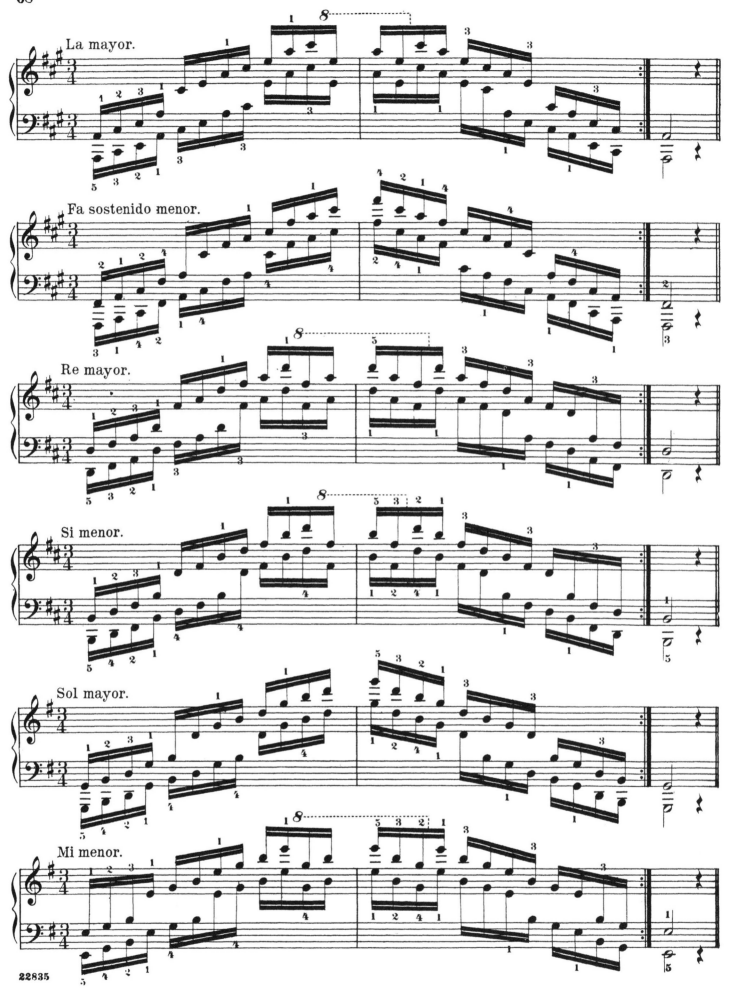

La mayor.

Fa sostenido menor.

Re mayor.

Si menor.

Sol mayor.

Mi menor.

Extensión de los Dedos
en acordes de séptima disminuida, en arpegios

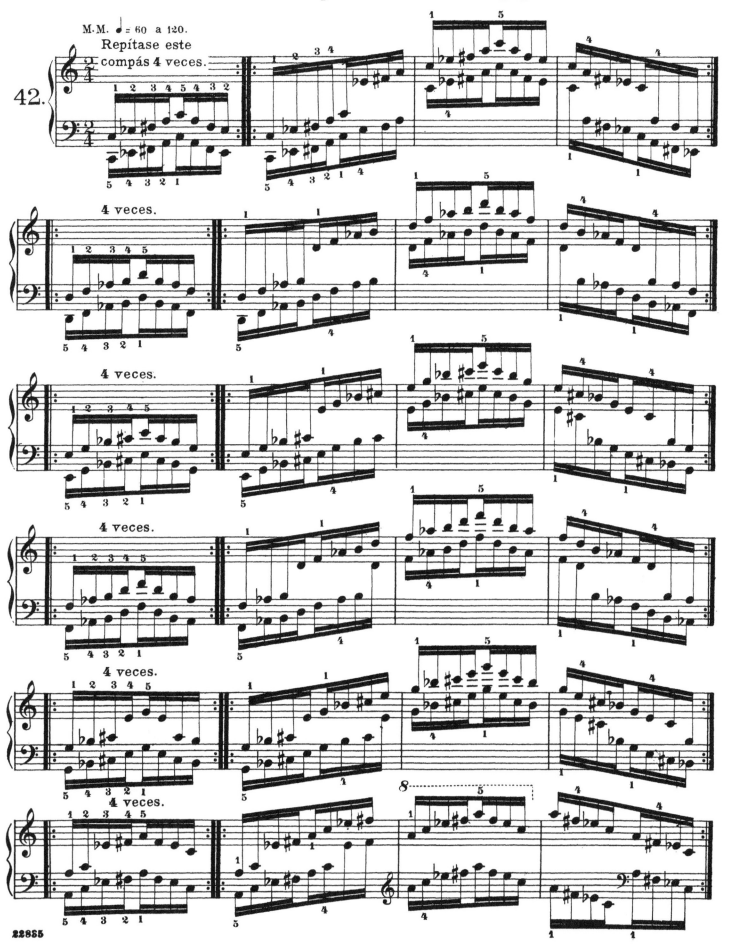

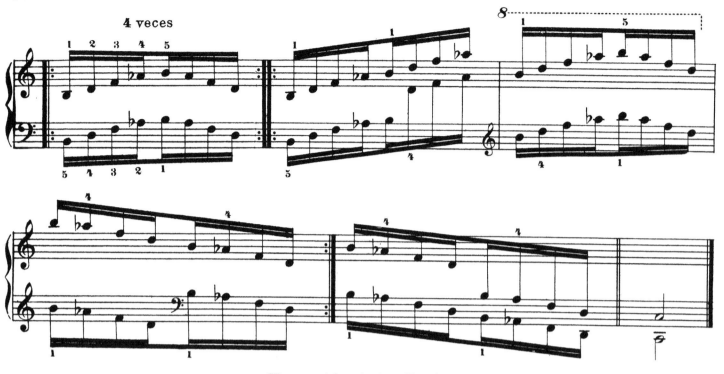

Extensión de los Dedos
en acordes de séptima dominante, en arpegios

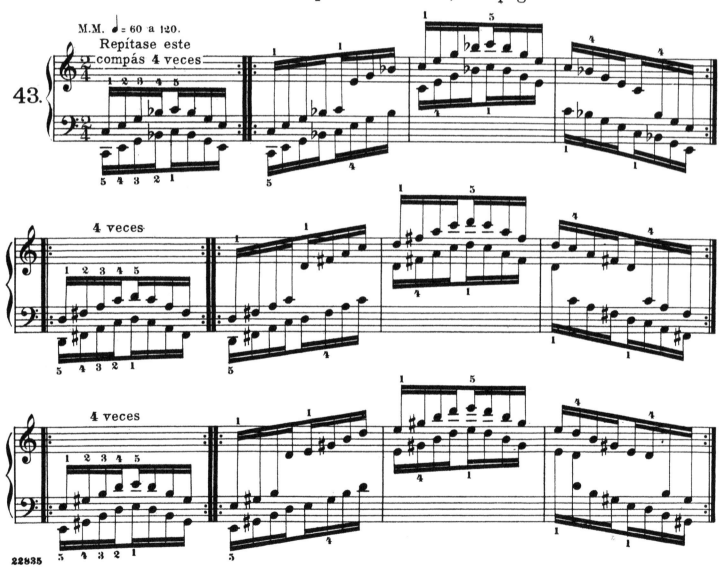

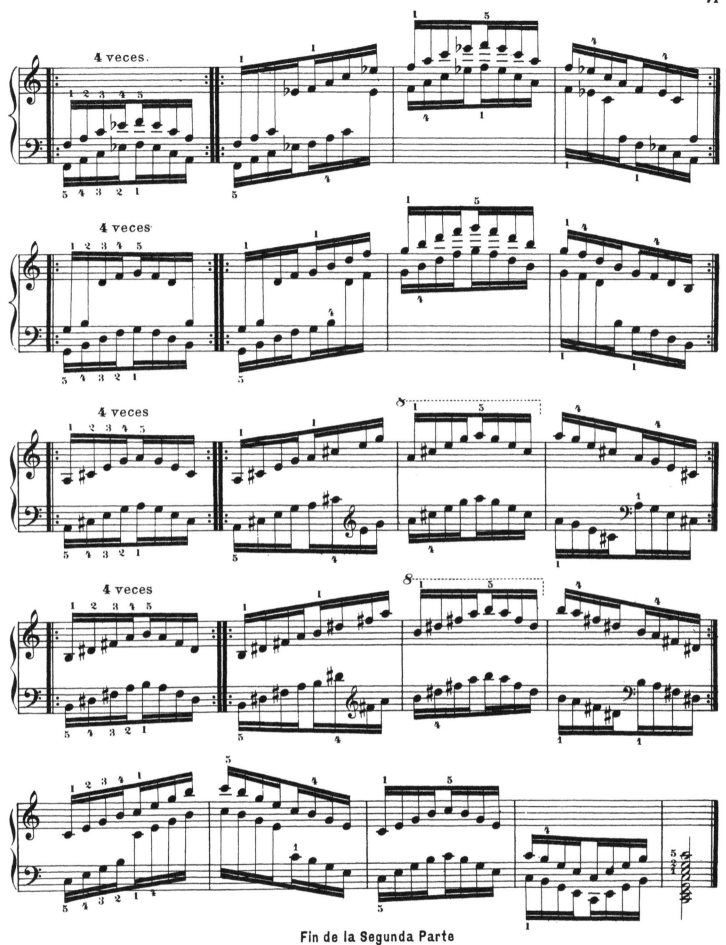

Fin de la Segunda Parte

Como las partes primera y segunda de este trabajo vienen a constituir la clave de las dificultades que se encuentran en la parte tercera, es, evidentemente, muy importante el que se las domine completamente antes de empezar los estudios para virtuosos contenidos en la parte tercera.

22835

Parte III

Ejercicios para Virtuosos, a Fin de Obtener un Dominio Completo
Sobre las Grandes Dificultades Mecánicas

Notas repetidas en grupos de tres

Alcense los dedos hasta cierta altura con precisión y sin levantar la mano ni la muñeca. Tan pronto como se hayan aprendido bien los cuatro primeros compases, empréndase el aprendizaje del resto del ejercicio.

C. L. HANON

Notas Repetidas en Grupos de Dos por los Cinco Dedos

Estúdiese la primera digitación hasta que se domine completamente. Entonces practíquense, igualmente, las cinco digitaciones siguientes. Después tóquese el ejercicio entero sin interrupción.

Acentúese la primera nota de cada par de notas ligadas.

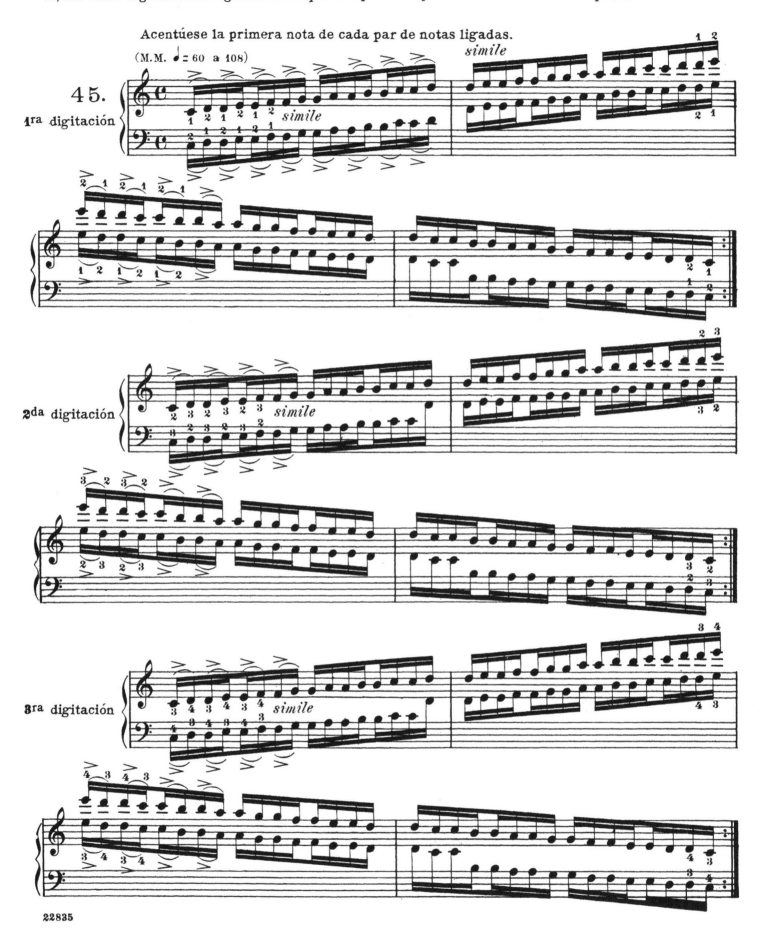

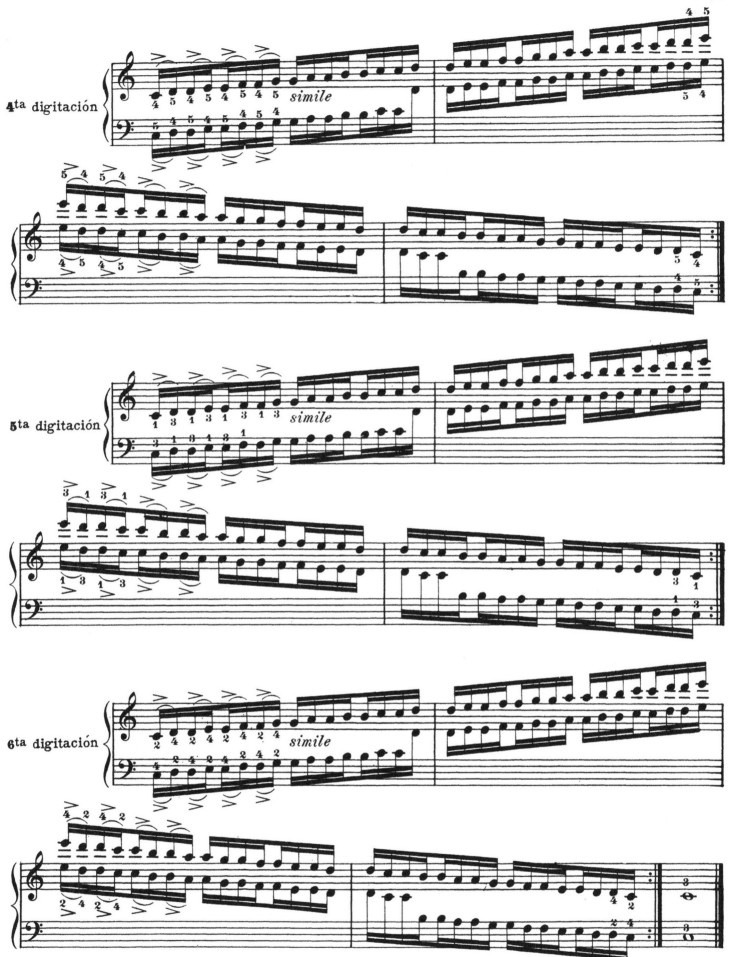

4ta digitación

5ta digitación

6ta digitación

22835

El Trino
para los cinco dedos

Practíquense los 6 primeros compases hasta que puedan ser ejecutados en un tiempo muy rápido. **Entonces** se practica el resto de los trinos. Allí donde se cambia la digitación téngase cuidado de que no **se** observe la más ligera irregularidad.

46.

Es interesante hacer notar que Mozart usaba este ejercicio para el estudio del trino.

El Trino de Thalberg.

22835

Notas Repetidas en Grupos de Cuatro

Al efectuarse este ejercicio, álcense los dedos hasta cierta altura con precisión, pero sin levantar **la** mano ni la muñeca. Cuando ya se hayan vencido las dificultades de la primera línea – y no antes – empréndase con el resto del ejercicio.

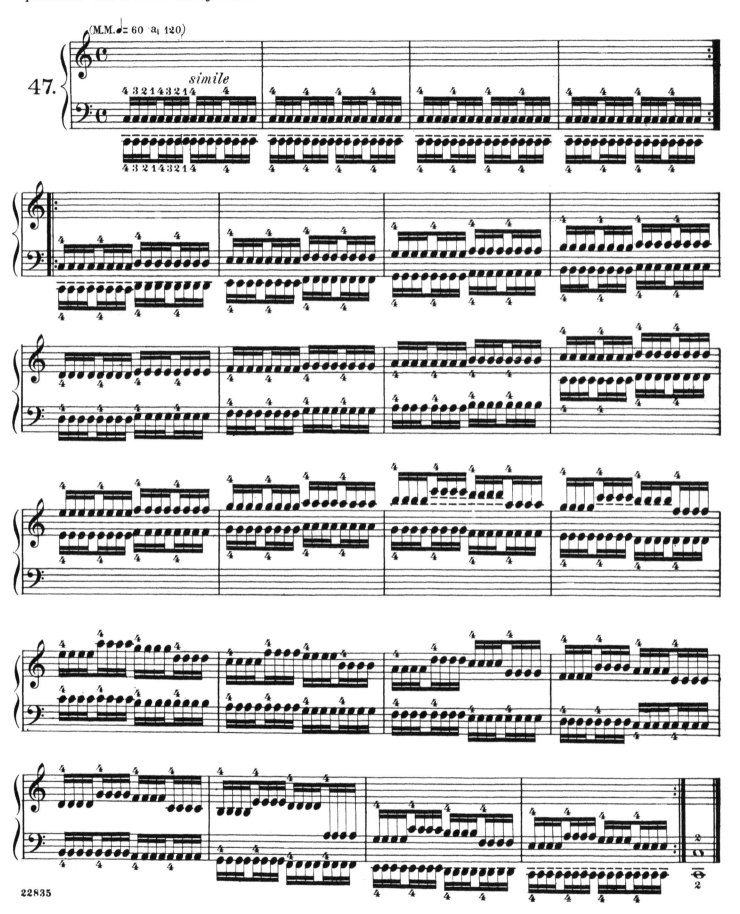

Ejercicio de la Muñeca
Terceras y Sextas Separadas

Álcense bien las muñecas después de cada percusión manteniendo los brazos perfectamente quietos. Las muñe -
cas deben estar flexibles y los dedos firmes, pero sin rigidez. Practíquense los cuatro primeros compases hasta que
se haya obtenido un desenvuelto movimiento de las muñecas. Entonces empréndase con el resto de los ejercicios.

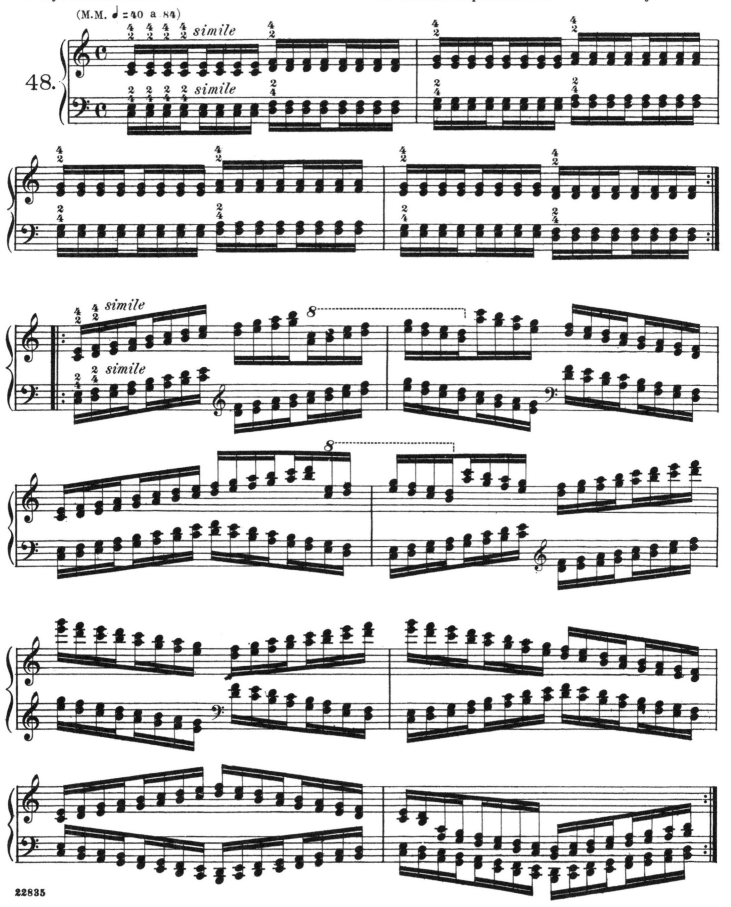

Sextas Separadas

Las mismas observaciones que para las terceras.

(M.M. ♩ = 40 ¡a¡ 84)

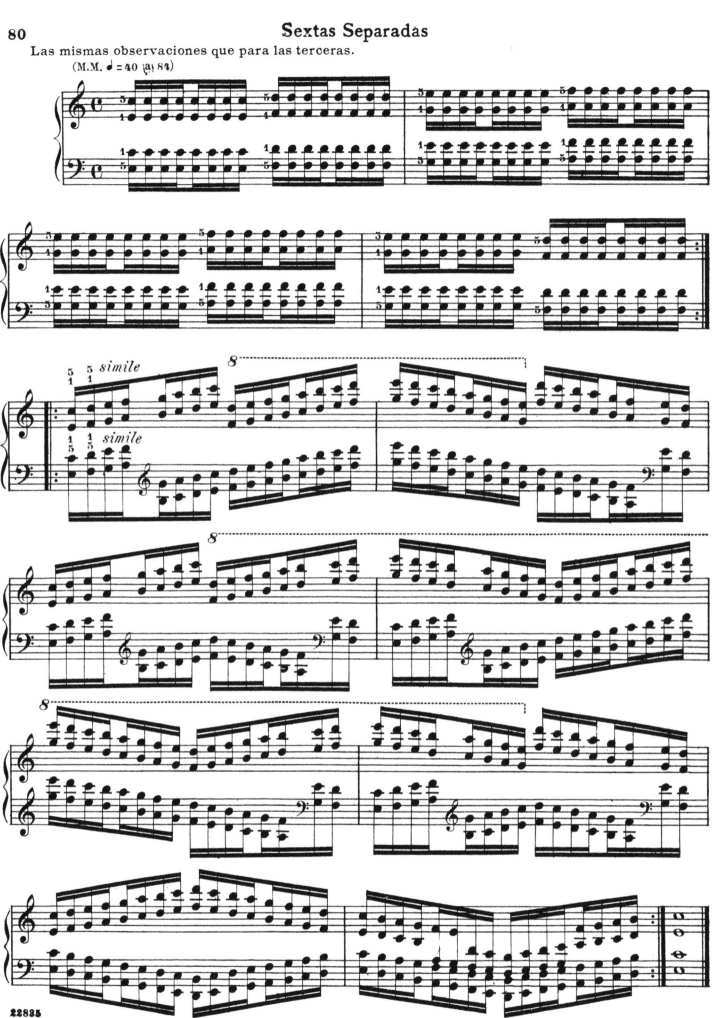

Ejercicios de extension desde el dedo 1º al 4º y desde el 2º al 5º de cada mano.

Son muy utiles estos ejercicios para aumentar la capacidad de extensión de esos dedos.

49.

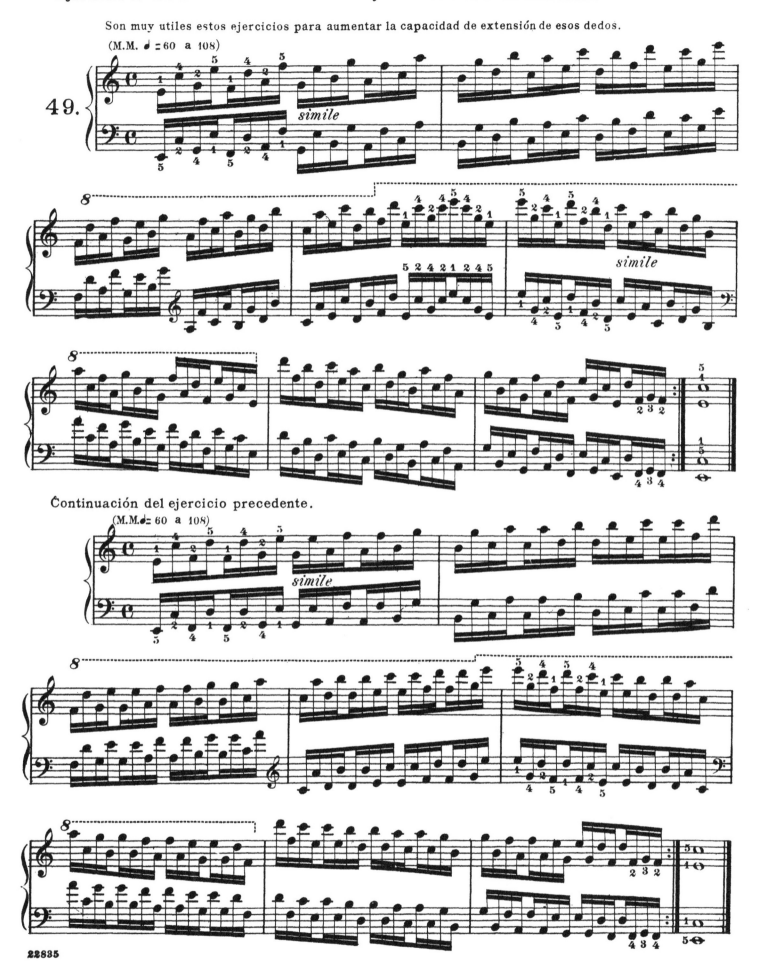

Continuación del ejercicio precedente.

Terceras Ligadas

Recomendamos el estudio cuidadoso de estos ejercicios, toda vez que las terceras ocupan un **lugar** muy importante entre las dificultades que ofrece la música.

Todas las notas deben ser atacadas con uniformidad y de un modo bien distinto.

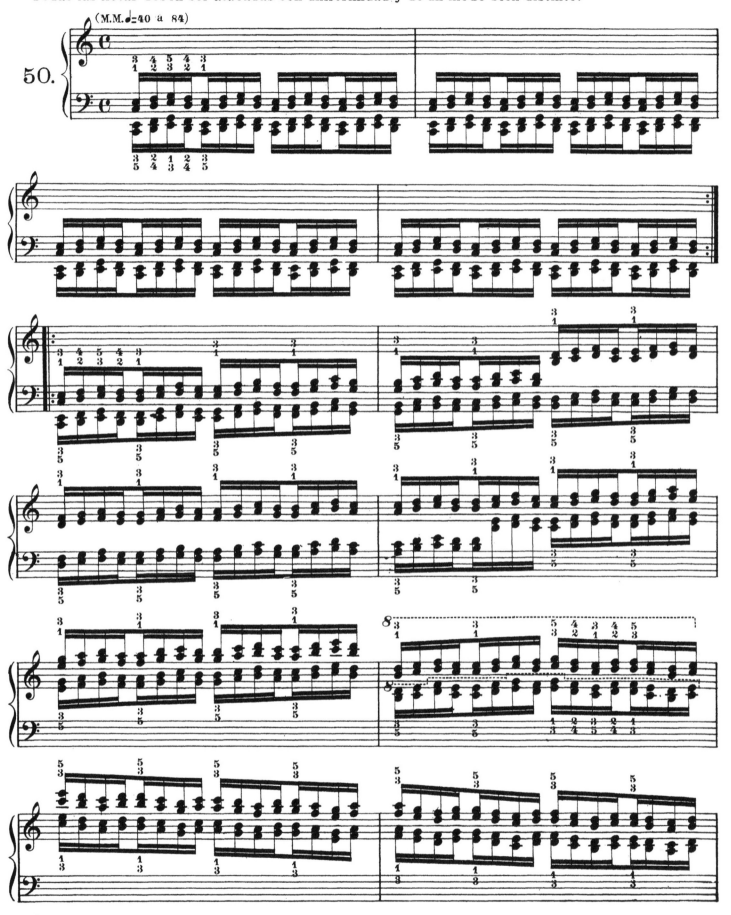

Escalas de Terceras Ligadas

Es indispensable practicar las escalas en terceras ligadas. Para llegar a obtener un ligado suave, sosténgase por un instante el quinto dedo de la mano derecha sobre la nota en que se haya apoyado, en tanto que el pulgar y el tercer dedo se pasan hacia la próxima tercera.

En la mano izquierda el pulgar, de igual modo se demora un instante sobre su nota para atacar la próxima ter- cera con los dedos respectivos. Las notas sobre las cuales deben detenerse apoyados los dedos de que se ha hecho mención estan indicadas con blancas. Procédase de igual manera en las escalas cromáticas que están más abajo y, en general, en todas las escalas en terceras.

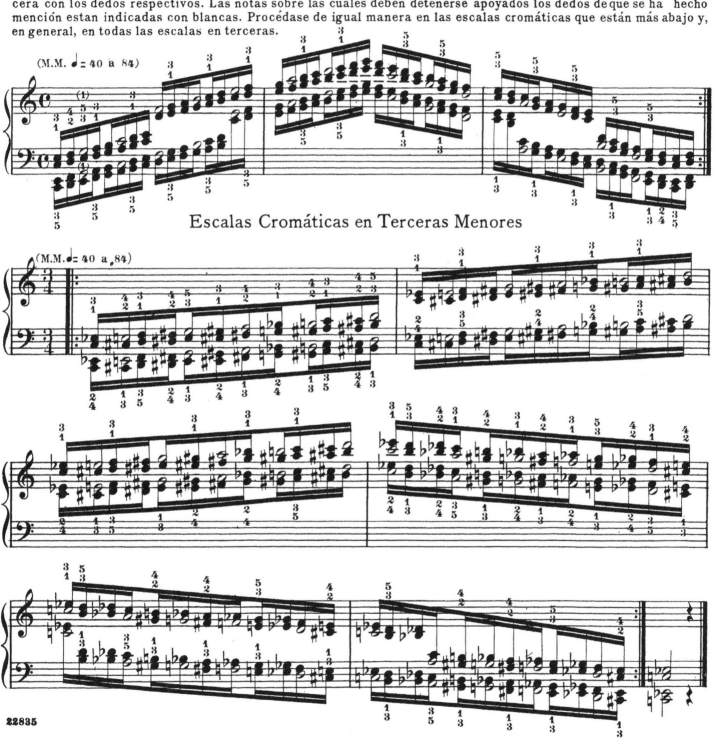

Escalas Cromáticas en Terceras Menores

Ejercicios Preparatorios para las Escalas en Octavas

Las muñecas deben estar muy flexibles los dedos al apoyarse en las octavas deben mantenerse en ellas **firme**-mente, pero sin rigidez, y los dedos que queden libres deben tomar una posición ligeramente arqueada.

Repítanse primero estas tres primeras líneas lentamente hasta que se haya alcanzado un buen movimiento de las muñecas. Entonces acelérese el tiempo continuándose el ejercicio sin interrupción.

Si se sintiese cansancio en las muñecas tóquese con mayor lentitud hasta que haya desaparecido la sensación de fatiga. Vuélvase a acelerar, entonces el movimiento hasta igualarlo en rapidez a la mayor obtenida al principio.

Véanse las indicaciones hechas para el No. 48

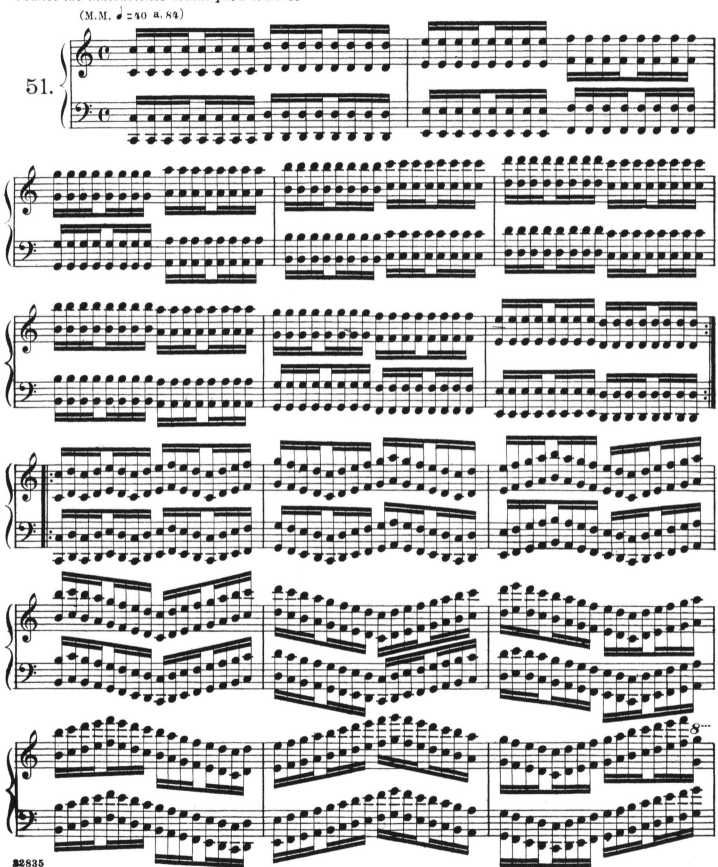

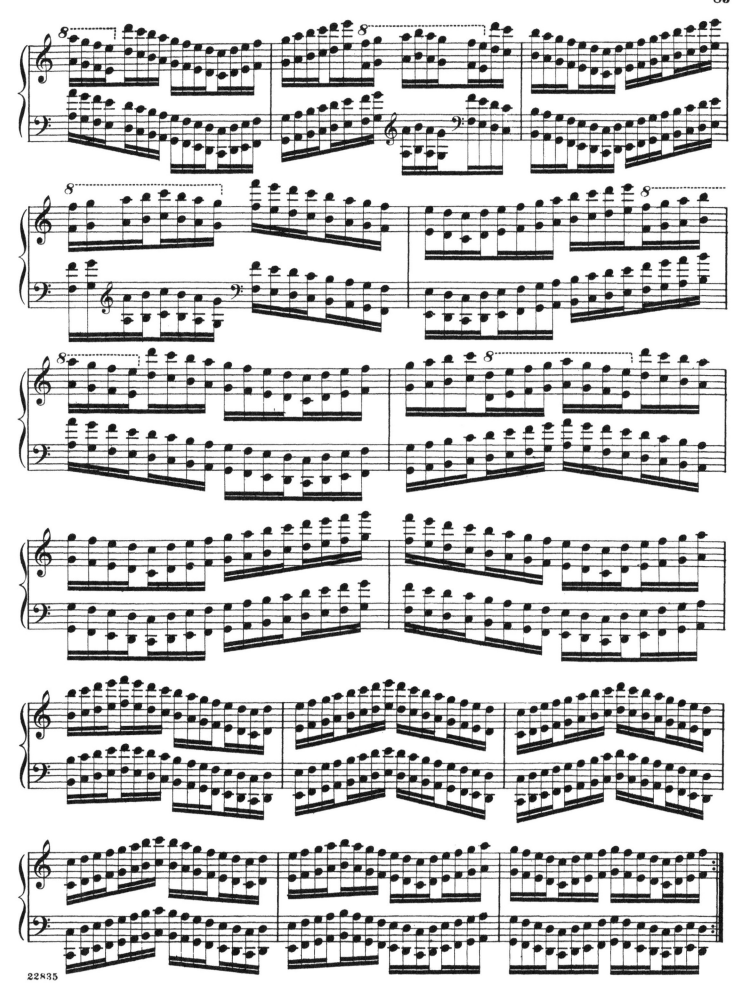

Escalas en Terceras y en los Tonos más Usados

Toquense estas escalas con ligado y con mucha uniformidad. Es de gran importancia el llegar a dominarlas completamente. Véanse las indicaciones hechas para el No. 50.

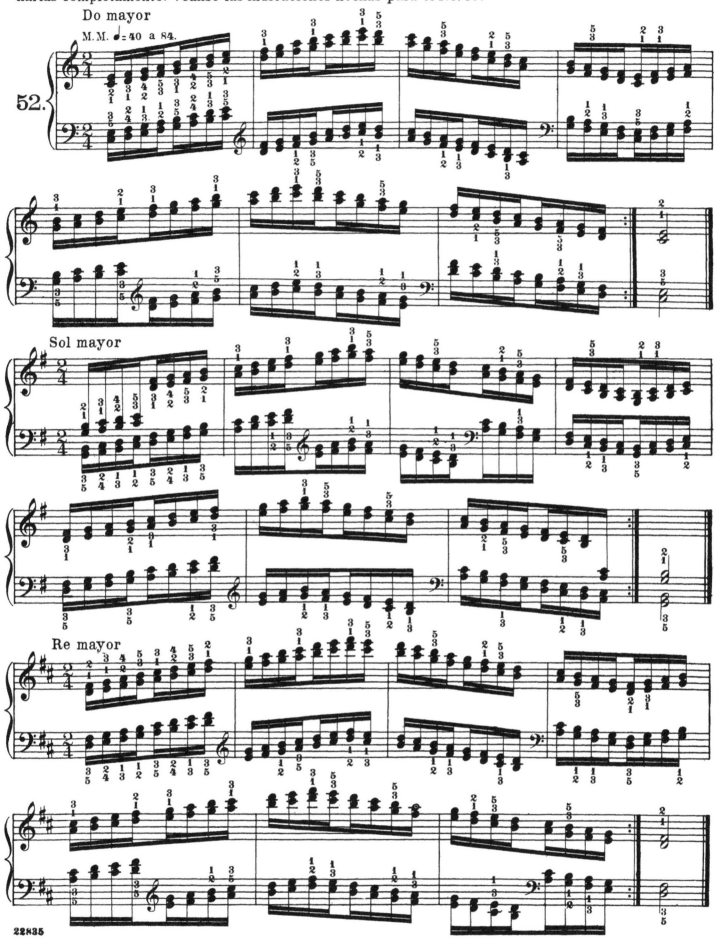

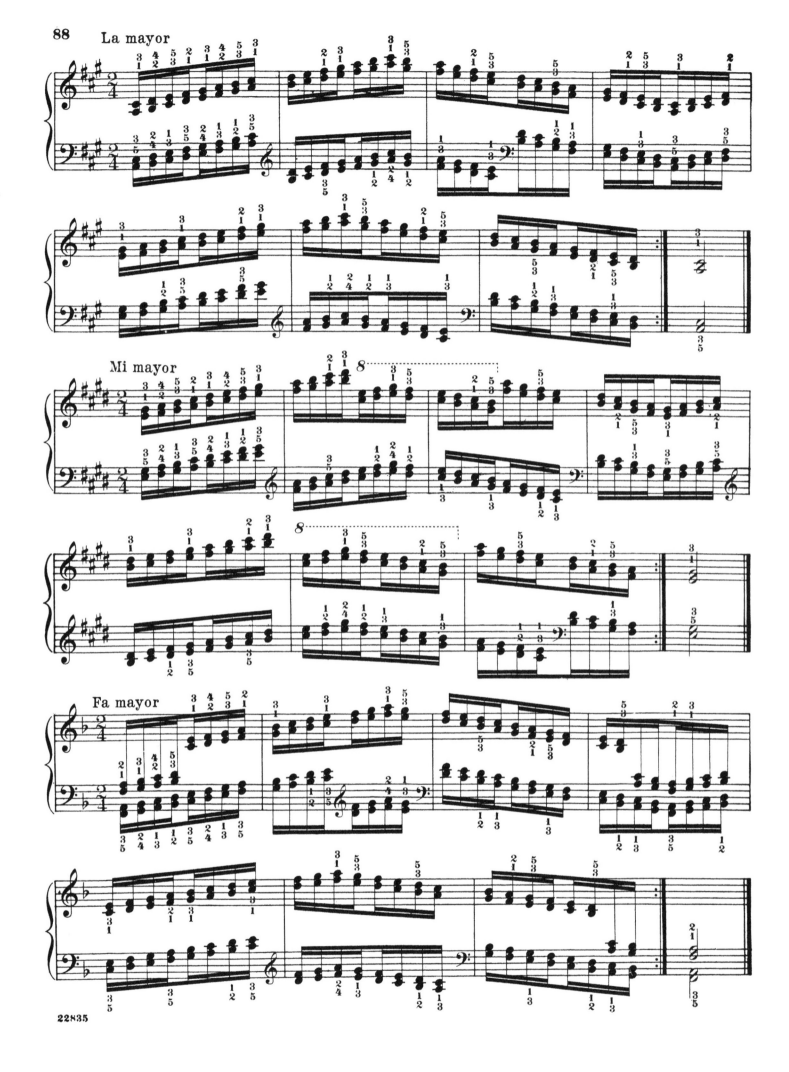

La mayor

Mi mayor

Fa mayor

Si bemol mayor

Mi bemol mayor

La bemol mayor

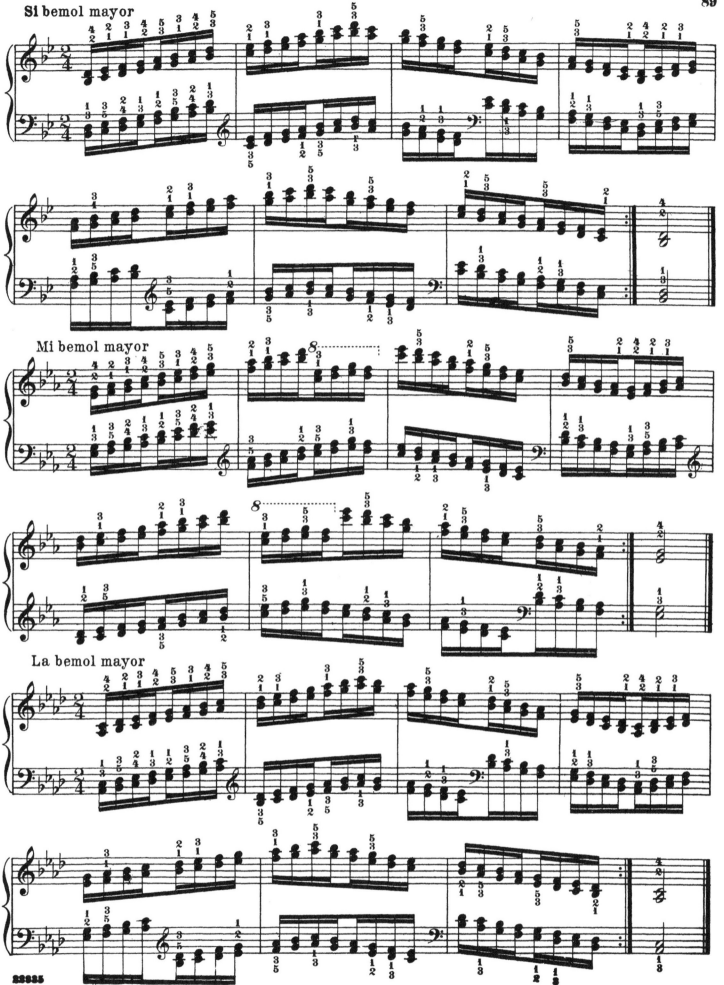

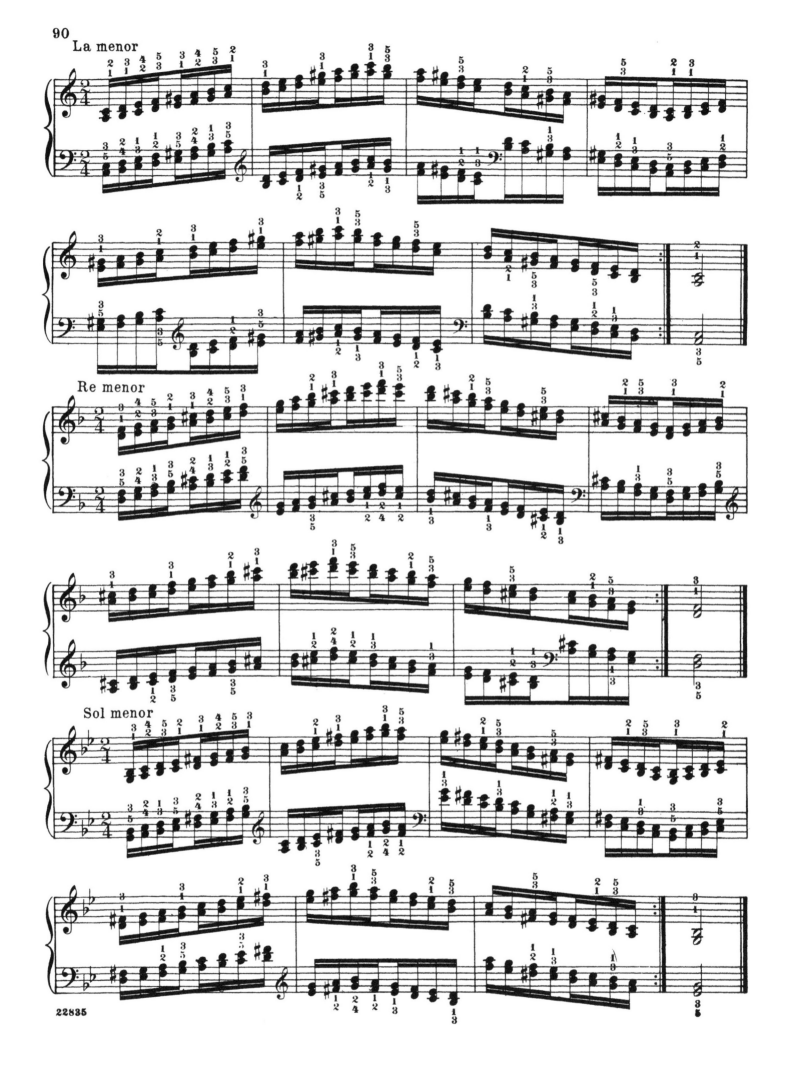

La menor

Re menor

Sol menor

Escalas en Octavas en los 24 Tonos

Practíquense, primeramente, cada una de estas escalas, hasta que pueda ser ejecutada con facilidad. Luego tó - quense de corrido todas las 24 sin introducir interrupción alguna entre ellas.

Nunca insistiremos lo bastante sobre la absoluta necesidad de imprimir un apropiado movimiento a las muñecas. Esa es la única manera de ejecutar las octavas sin rigidez y, al mismo tiempo **con** flexibilidad, vivacidad y energía.

Véanse las explicaciones echas para los números 48 y 51.

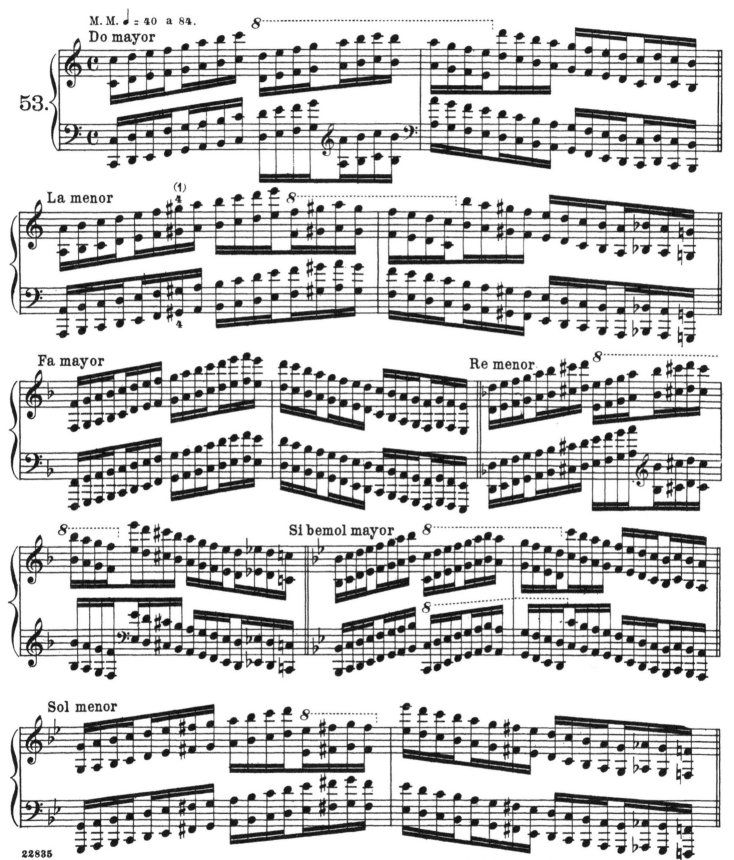

(1) **En todas las escalas en Octavas las teclas negras deben ser atacadas con el 4º dedo de cada mano.**

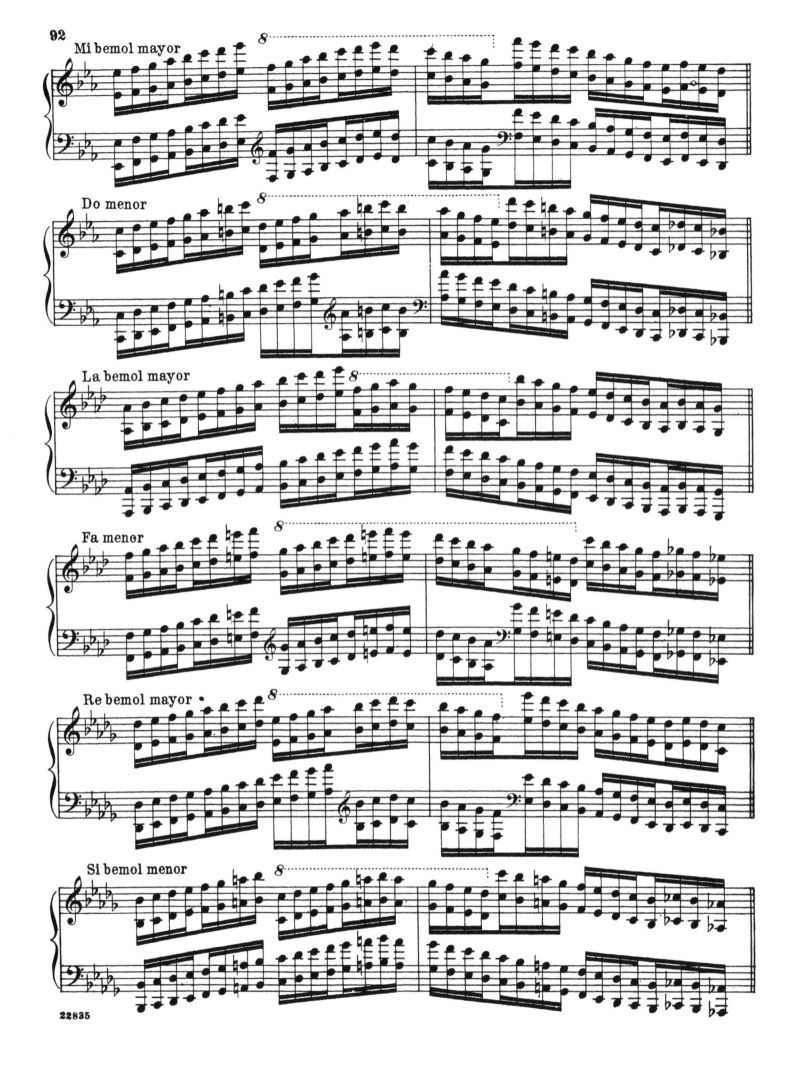

93

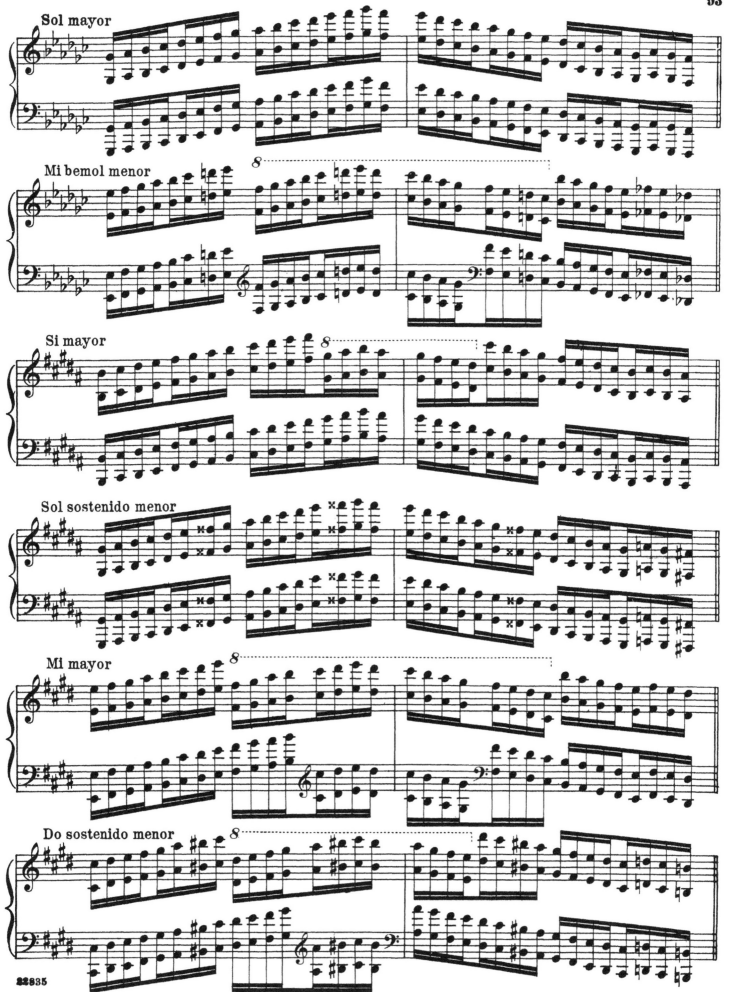

Sol mayor

Mi bemol menor

Si mayor

Sol sostenido menor

Mi mayor

Do sostenido menor

22835

La mayor

Fa sostenido menor

Re mayor

Si menor

Sol mayor

Mi menor

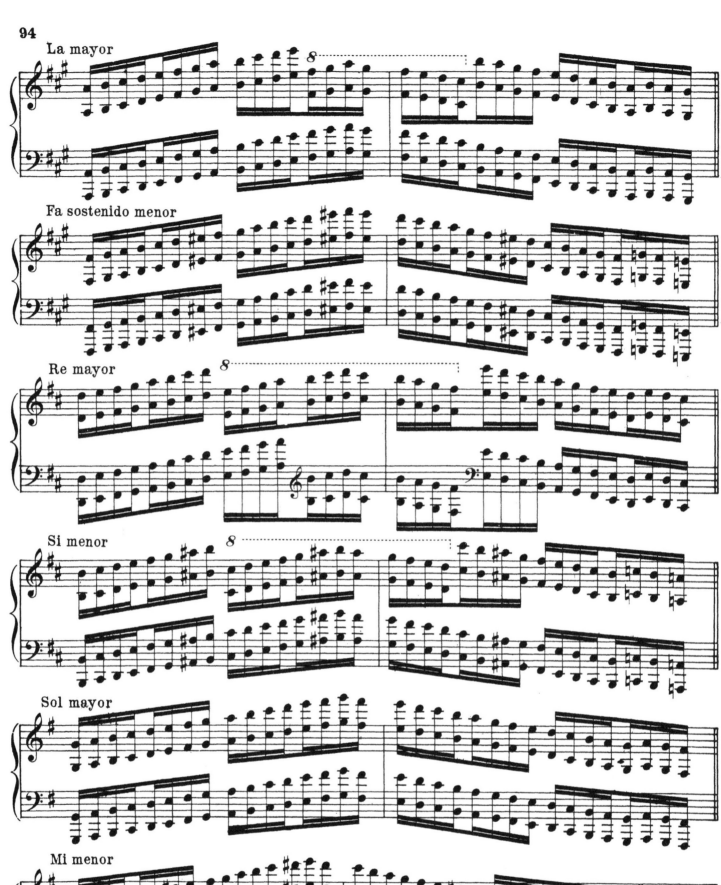

El Trino Cuádruple en Terceras para los Cinco Dedos

Ejecútese este ejercicio con mucha suavidad y uniformidad, golpeando cada tercera con la mayor claridad posible.

(M.M. ♩ = 40 a 92.)

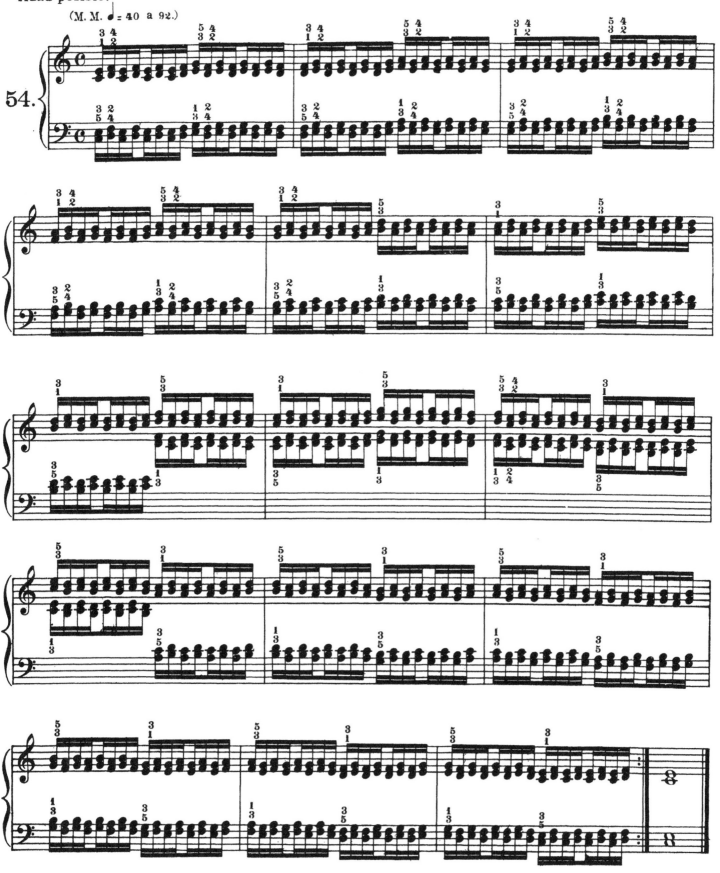

54.

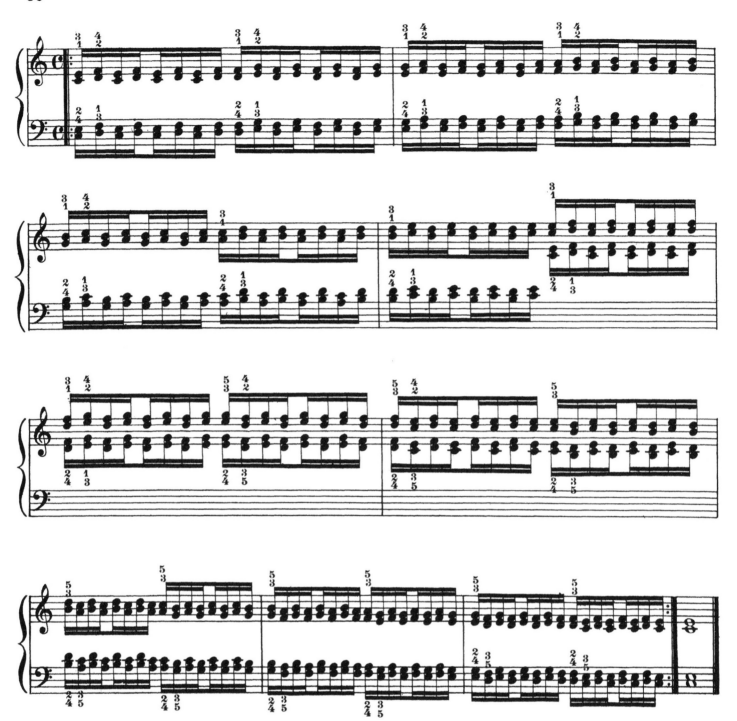

El Trino Triple

Las mismas indicaciones que para el No. 54.

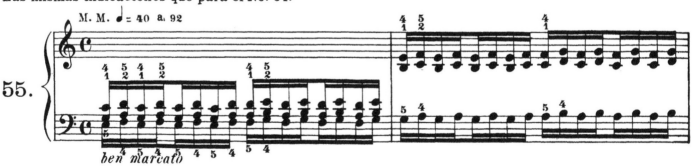

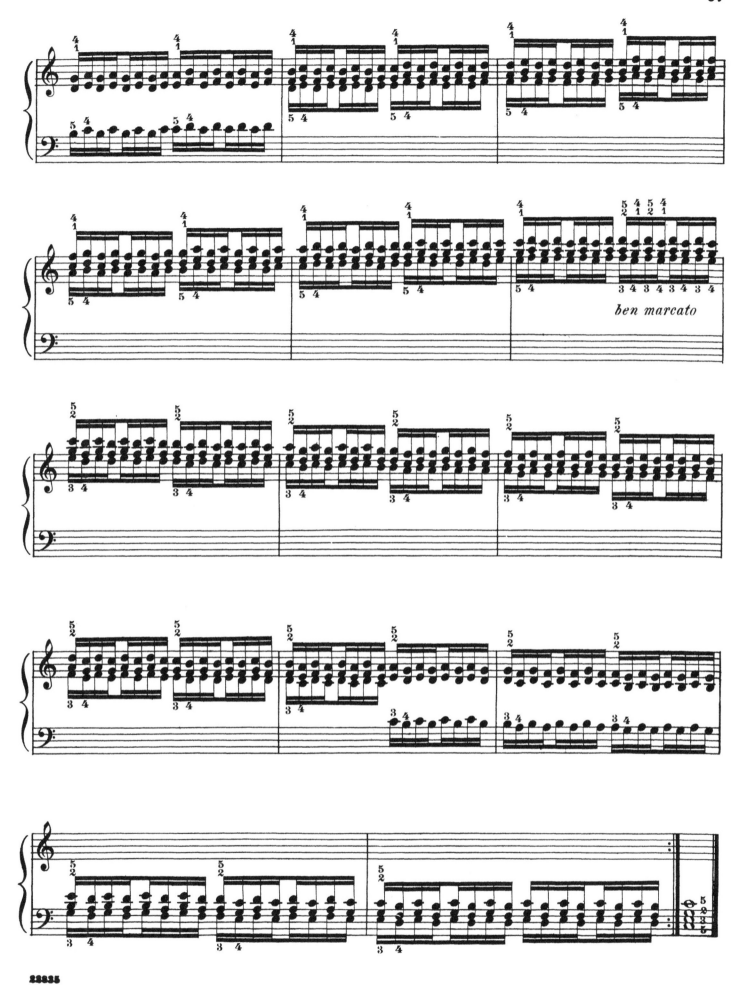

ben marcato

Digitaciones especiales para el Trino Cuádruplo.

Escalas en Octavas Interrumpidas en los 24 Tonos

Tóquense estas escalas en toda su extensión sin detenerse.

Este importantísimo ejercicio prepara, asimismo, las muñecas para el estudio del trémolo.

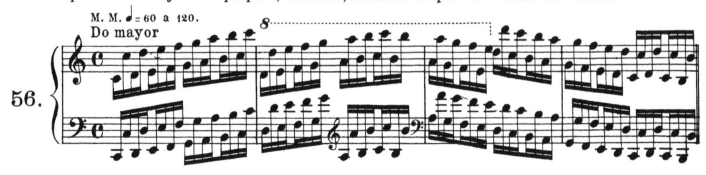

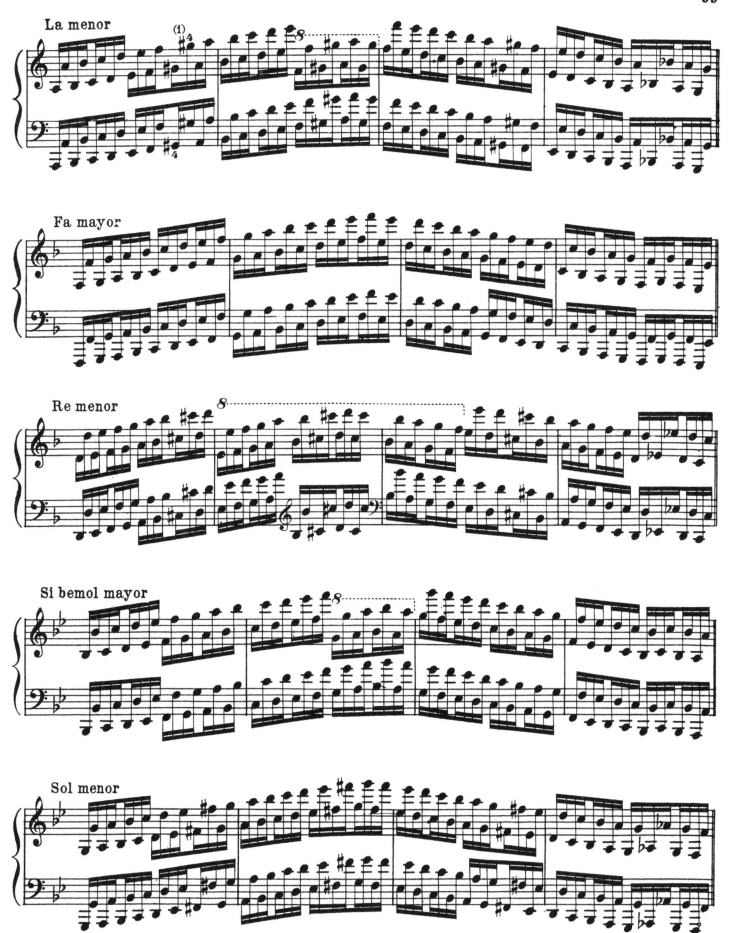

(1) En toda la extensión de este ejercicio tóquense las teclas negras con el 4º dedo de cada mano.

Sol bemol mayor

Mi bemol menor

Si mayor

Sol sostenido menor

Mi mayor

Do sostenido menor

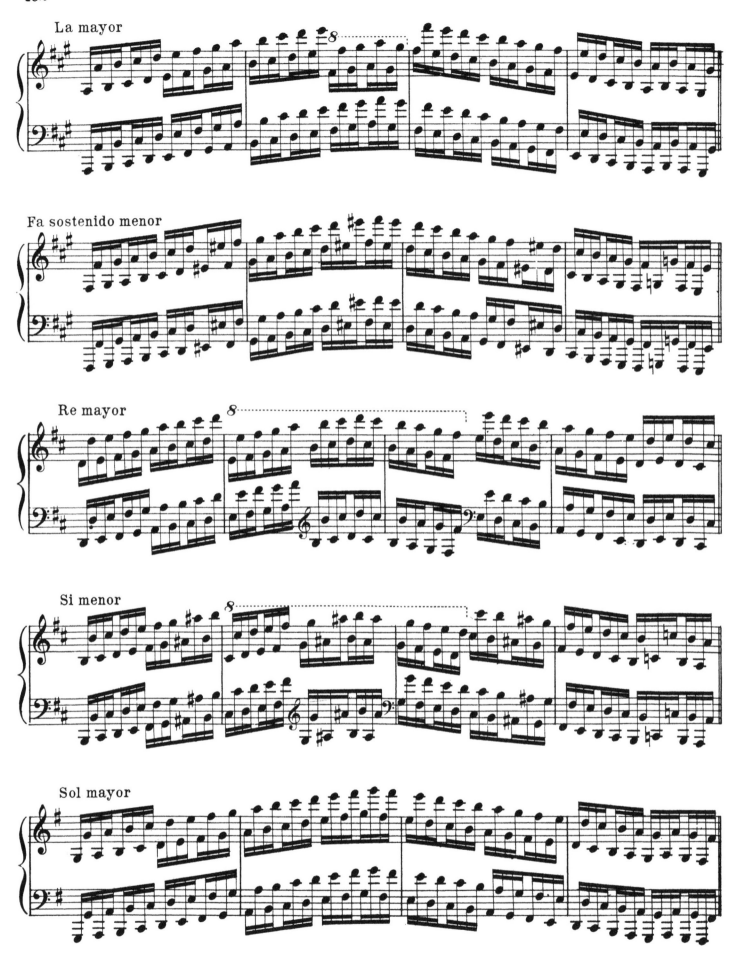

La mayor

Fa sostenido menor

Re mayor

Si menor

Sol mayor

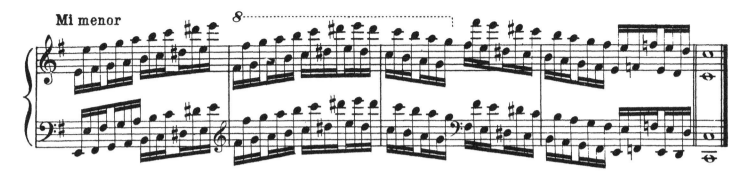

Mi menor

Arpegios Interrumpidos en Octavas en los 24 Tonos

Para empezar practíquese el primer arpegio en Do, el cual debe ser tocado limpia y distintamente, empleando, para ello, un buen movimiento de la muñeca, antes de pasar al siguiente en tono menor.

De igual manera practíquense los 24 arpegios. Después tóquense todos, completos, sin interrupción.

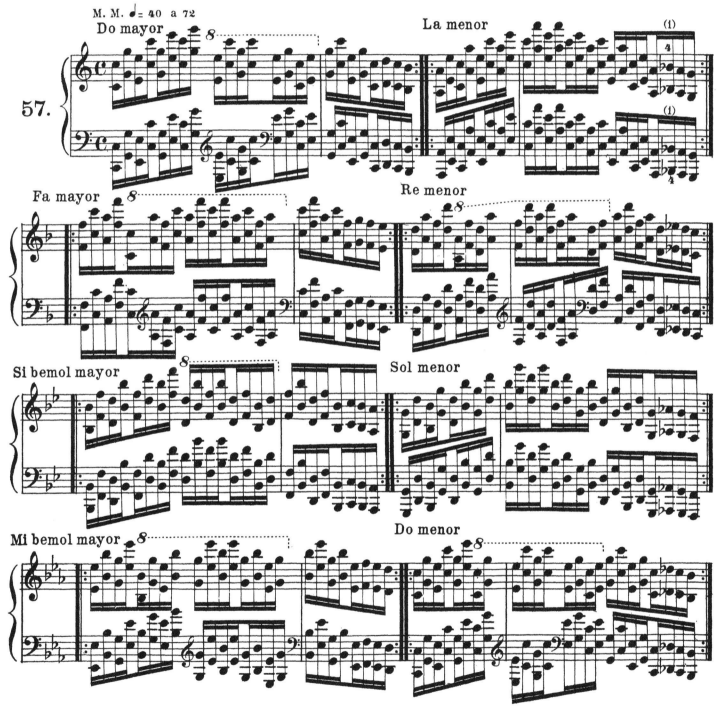

M. M. ♩ = 40 a 72

Do mayor

La menor

57.

Fa mayor

Re menor

Si bemol mayor

Sol menor

Mi bemol mayor

Do menor

(1) En toda la extension de este ejercicio tóquense las teclas negras con el 4° dedo de cada mano.

La bemol mayor

Fa menor

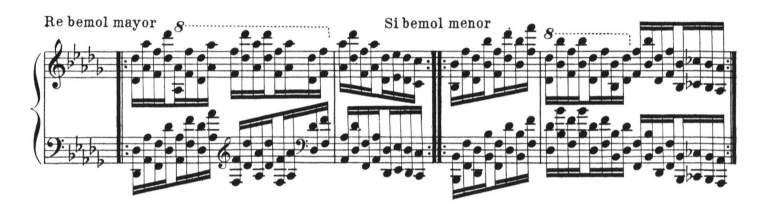

Re bemol mayor

Si bemol menor

Sol bemol mayor

(1)

Mi bemol menor

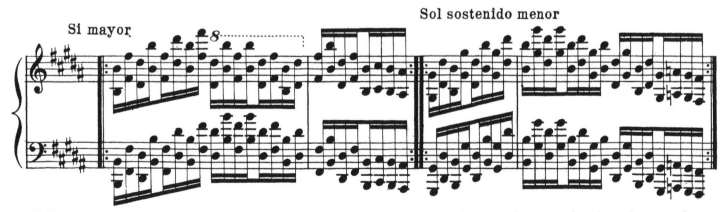

Si mayor

Sol sostenido menor

(1) Como que este arpegio y el inmediato en Mi bemol menor, se componen solamente de negras, lo mismo da que se toque con el 4º que con el 5º dedo.

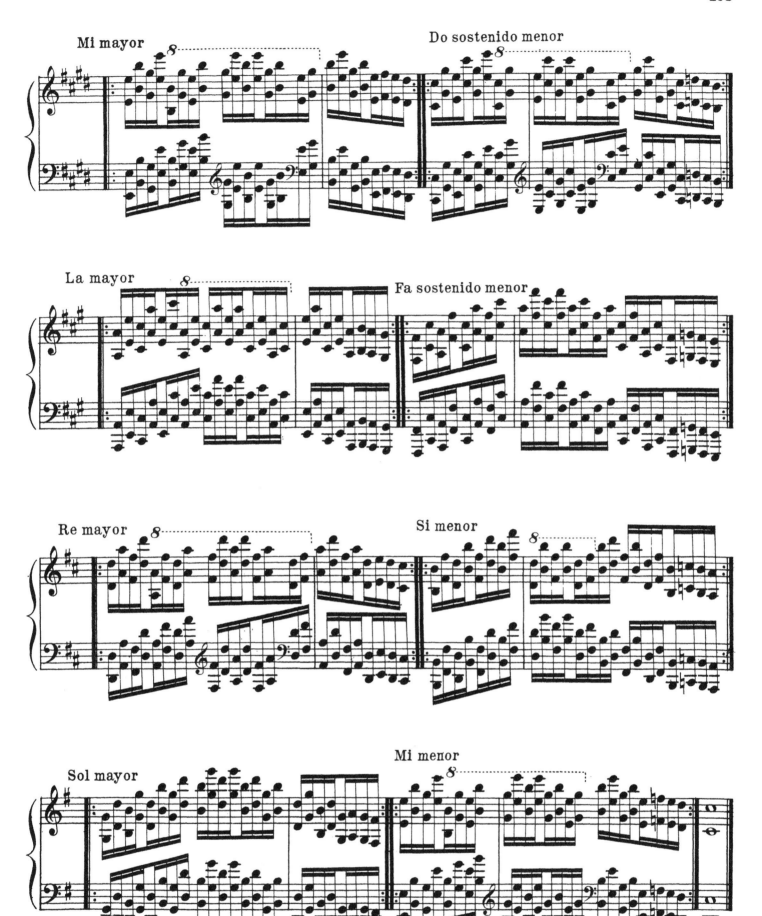

Mi mayor

Do sostenido menor

La mayor

Fa sostenido menor

Re mayor

Si menor

Sol mayor

Mi menor

22885

Octavas Sostenidas

acompañadas de notas separadas

Atáquense vigorosamente las octavas sin levantar las muñecas y sosténganse hundidas las teclas extremas en tanto se ejecutan habilmente, y con buen movimiento de dedos, las notas intermedias.

Trinos Cuádruples en Sextas

Para la combinación de los dedos 1º y 4º y 2º y 5º de cada mano.

Ni las manos ni las muñecas deben moverse lo más mínimo mientras se toque este ejercicio.

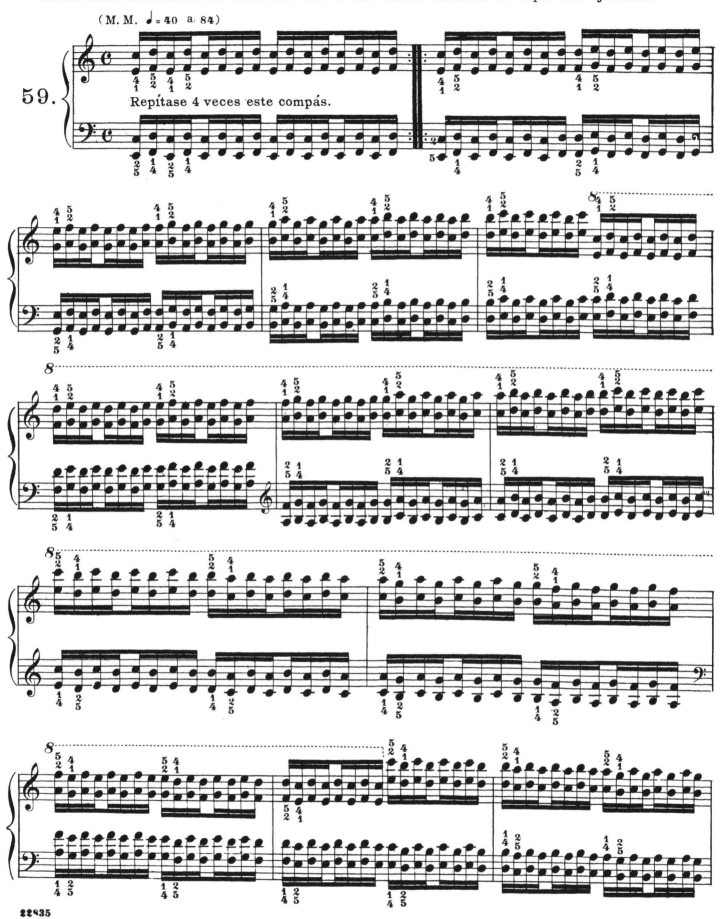

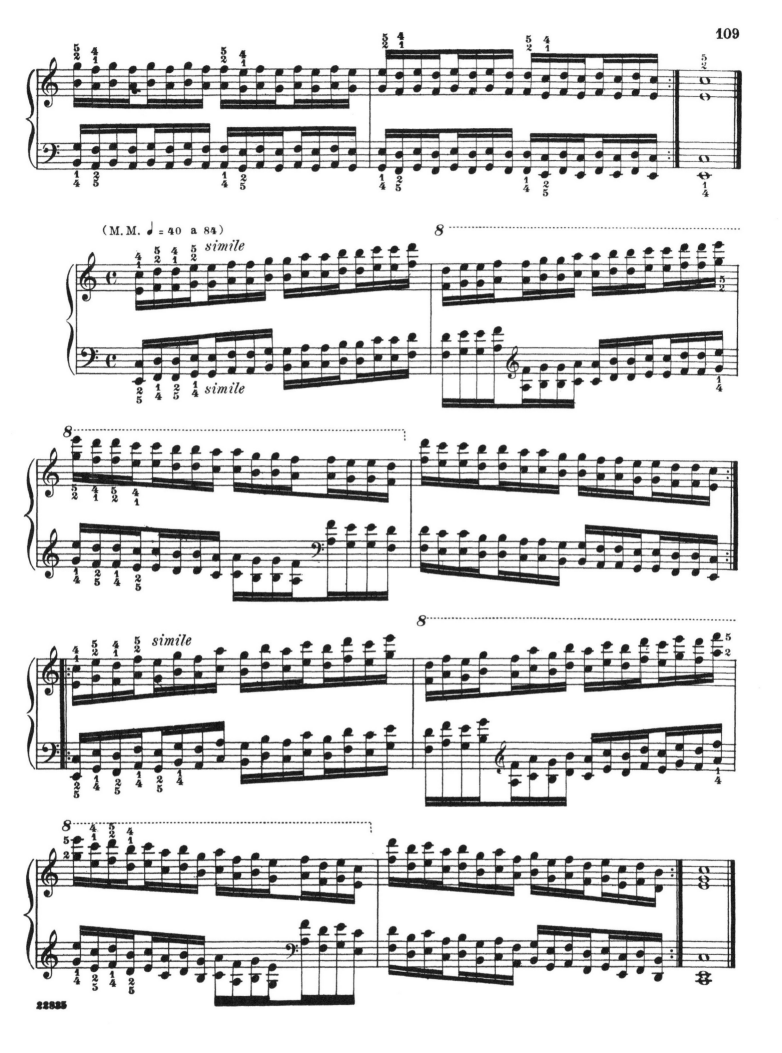

22825

El Trémolo

El trémolo, para que su ejecución resulte adecuada, debe tocarse con la misma rapidez que el **redoble** de un tambor. Practíquese primero lentamente, luego váyase acelerando el tiempo de un modo **gradual** hasta que se haya llegado al movimiento que se indica en el metrónomo de esta manera: (M.M. ♩= 72). **Por** medio de oscilaciones de las muñecas váyase aumentando más la rapidez hasta que se llegue a imitar el redoble del tambor. Este estudio es largo y difícil; pero sus excelentes resultados compensarán **plenamente** al pianista las molestias y las fatigas que le ocasione. Steibelt hacía extremecerse a sus oyentes cuando ejecutaba un trémolo.

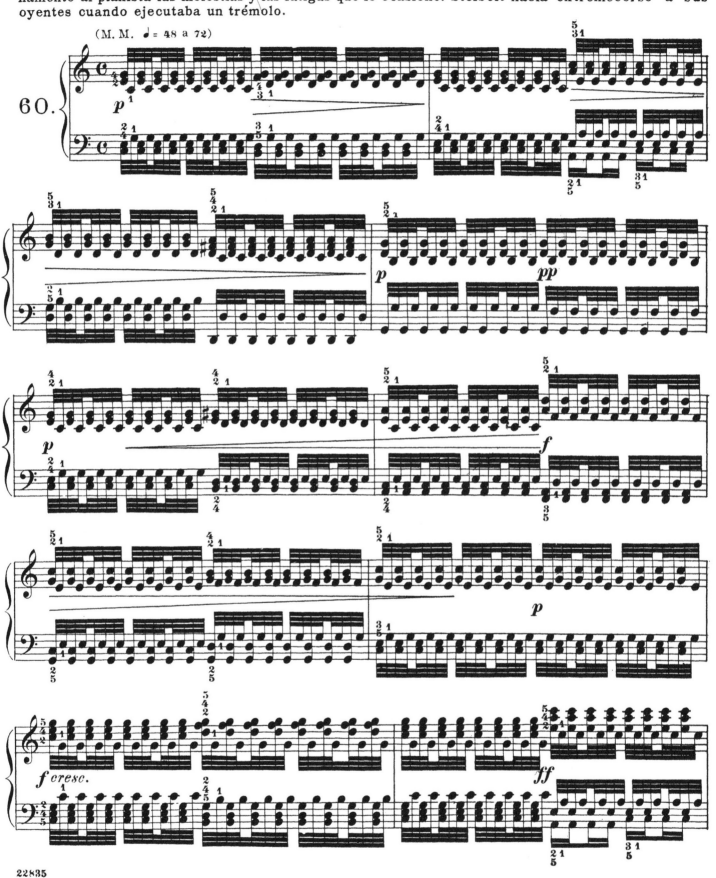

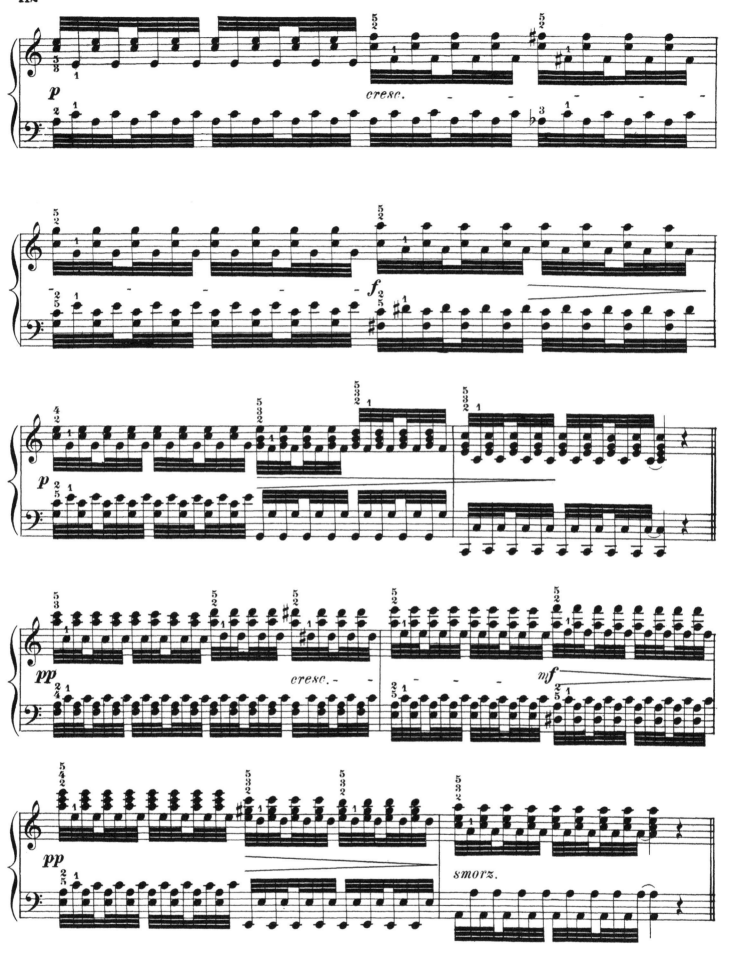

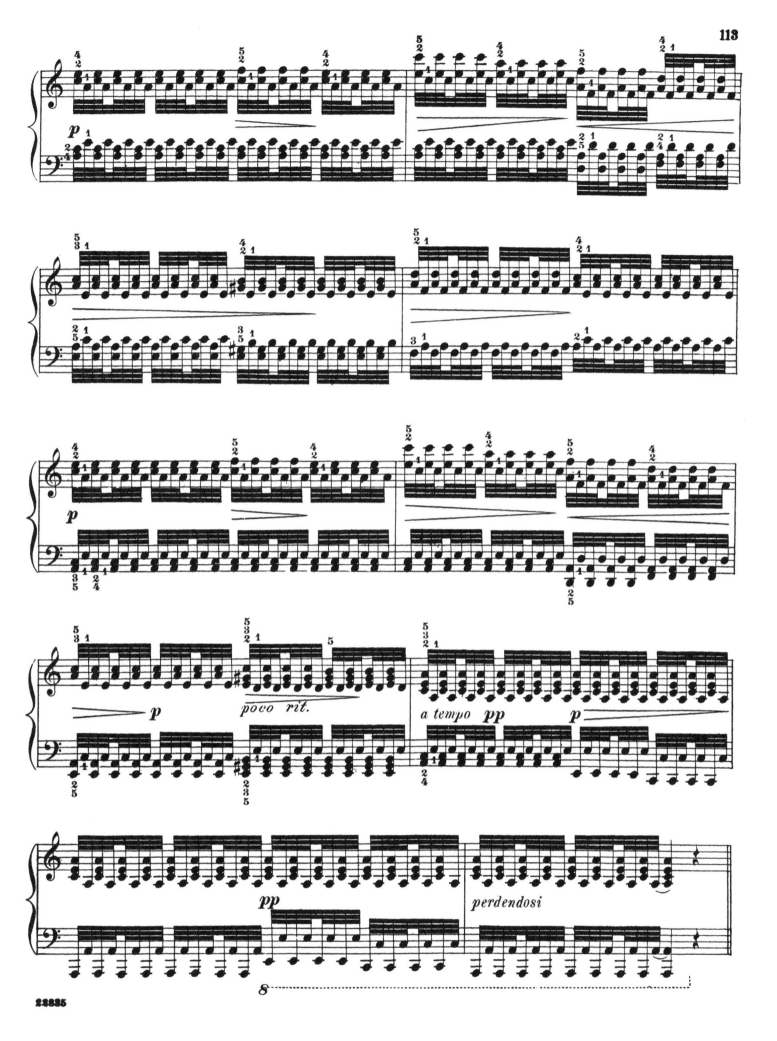

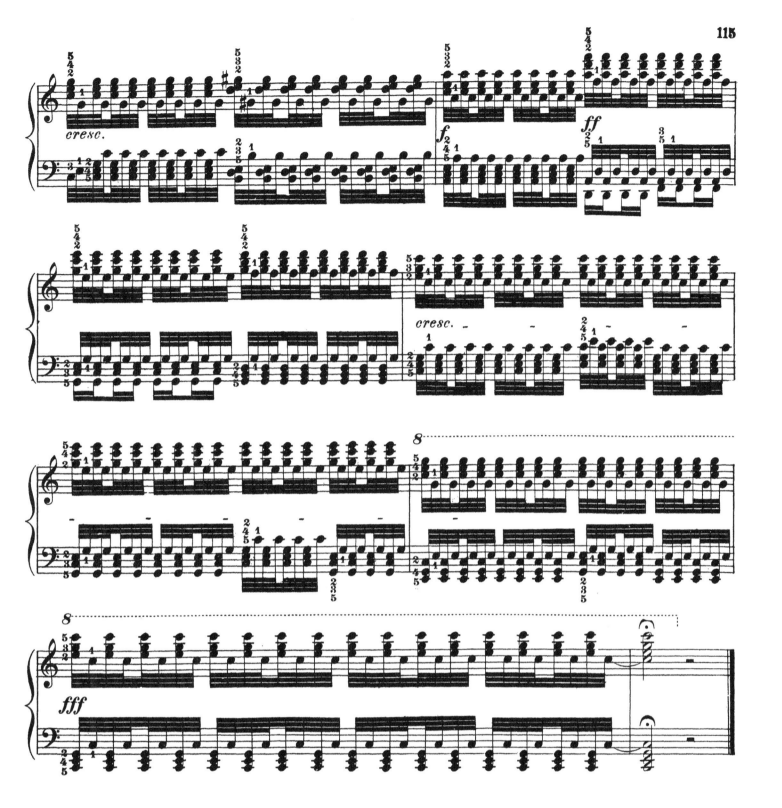

Advertencias Finales

Ahora que el estudiante ha estudiado practicamente todo lo contenido en este volumen puede considerarse familiarizado con las principales dificultades mecánicas. Pero si ha de sacarle partido al fruto de su trabajo convirtiéndose en un verdadero virtuoso debe tocar el contenido entero de este libro todos los días durante cierto período de tiempo. Solamente de esta manera podrá familiarizarse con esas grandes dificultades. El tiempo requerido para tocar el libro entero es solo de una hora.

Los grandes artistas estiman necesario ejecutar los ejercicios diariamente durante varias horas, con el mero fin de conservar la habilidad adquirida. No debemos, por consiguiente, ser acusados de exagerar el asunto cuando exigimos de un estudiante que aspira a la verdadera virtuosidad que toque, todos los días, estos ejercicios completos.

22835